MW00908768

Bilingüismo en Gibraltar: Inglés y Español

Aixa Said-Mohand

Bilingüismo en Gibraltar: Inglés y Español

Usos y actitudes lingüísticas entre la población joven

Editorial Académica Española

Impressum / Aviso legal
Bibliografische Information der Deutschen Nationalbibliothek: Die Deutsche Nationalbibliothek verzeichnet diese Publikation in der Deutschen Nationalbibliografie; detaillierte bibliografische Daten sind im Internet über http://dnb.d-nb.de abrufbar. Alle in diesem Buch genannten Marken und Produktnamen unterliegen warenzeichen-, marken- oder patentrechtlichem Schutz bzw. sind Warenzeichen oder eingetragene Warenzeichen der jeweiligen Inhaber. Die Wiedergabe von Marken, Produktnamen, Gebrauchsnamen, Handelsnamen, Warenbezeichnungen u.s.w. in diesem Werk berechtigt auch ohne besondere Kennzeichnung nicht zu der Annahme, dass solche Namen im Sinne der Warenzeichen- und Markenschutzgesetzgebung als frei zu betrachten wären und daher von jedermann benutzt werden dürften.

Información bibliográfica de la Deutsche Nationalbibliothek: La Deutsche Nationalbibliothek clasifica esta publicación en la Deutsche Nationalbibliografie; los datos bibliográficos detallados están disponibles en internet en http://dnb.d-nb.de. Todos los nombres de marcas y nombres de productos mencionados en este libro están sujetos a la protección de marca comercial, marca registrada o patentes y son marcas comerciales o marcas comerciales registradas de sus respectivos propietarios. La reproducción en esta obra de nombres de marcas, nombres de productos, nombres comunes, nombres comerciales, descripciones de productos, etc., incluso sin una indicación particular, de ninguna manera debe interpretarse como que estos nombres pueden ser considerados sin limitaciones en materia de marcas y legislación de protección de marcas y, por lo tanto, ser utilizados por cualquier persona.

Coverbild / Imagen de portada: www.ingimage.com

Verlag / Editorial:
Editorial Académica Española
ist ein Imprint der / es una marca de
AV Akademikerverlag GmbH & Co. KG
Heinrich-Böcking-Str. 6-8, 66121 Saarbrücken, Deutschland / Alemania
Email / Correo Electrónico: info@eae-publishing.com

Herstellung: siehe letzte Seite /
Publicado en: consulte la última página
ISBN: 978-3-659-07565-0

ÍNDICE

AGRADECIMIENTOS

Debo agradecer al Dr. Andrew Lynch, profesor del Departamento de Lenguas y Literaturas Romances de la Universidad de Florida (actualmente profesor en la Universidad de Miami), su ofrecimiento y entendimiento cuando le pedí que me dirigiera esta memoria a pesar de la inconsistencia inicial de mi propuesta. La ayuda y el apoyo que me dio han sido muy generosos y mucho más de lo que me merecía. Sólo puedo decirle: gracias, amigo. Gracias por la convicción que demostraste cuando la incertidumbre no permitía percibir más allá del horizonte.

Al profesor John Britto, representante del Ministerio de Educación de Gibraltar, por haberme facilitado su tesis de maestría; al señor Sergious Ballantine, director del Programa de Español del Bayside School de Gibraltar, por los artículos y manuscritos que me ofreció; al profesor J. Reyes, director del College of Further Education, por haberme permitido llevar a cabo mi investigación con sus estudiantes. A los estudiantes del College, verdaderos protagonistas de esta memoria, sin los cuales no hubiera podido realizarla.

A la colaboración del personal del la Biblioteca Garrison de Gibraltar por la incondicional ayuda que me brindaron durante el tiempo de la investigación.

A mis colegas del Departamento de Español de la Universidad de Florida, Rayito Calderón y Érica Fischer-Dorantes por su ayuda en la revisión de los capítulos.

Esta memoria está dedicada a todas las personas creyentes incondicionales de una educación bilingüe.

> "El monolingüismo es una enfermedad curable"
> Carlos Fuentes

INTRODUCCIÓN

No es sólo en el continente americano donde se pueden encontrar situaciones de contacto entre el inglés y el español. Gibraltar[1] se presenta como el único caso en el continente europeo donde el contacto entre estas dos lenguas mundiales data desde 1704, fecha en la que el Reino Unido toma el Peñón. La situación sociolingüística de Gibraltar no despertó interés hasta mediados de los años ochenta con los estudios de Krammer (1986) sobre la situación del inglés y del español desde una perspectiva histórica[2]. En 1983 Ballantine decidió tratar en su tesis de maestría la situación lingüística de los niños gibraltareños que entran en la escuela primaria con un escaso conocimiento del inglés, debido a que el español es la lengua de más uso en las interacciones familiares. Moyer (1992) será la primera investigadora que se adentra en el estudio de la alternancia de códigos en Gibraltar. Aunque hasta la fecha los estudios sociolingüísticos sobre Gibraltar han ido adquiriendo poco a poco importancia, es menester resaltar que "el comportamiento sociolingüístico de los gibraltareños es de enorme trascendencia para la teoría sociolingüística" (Lipski 1986: 426).

Este trabajo pretende añadir un dato más a los estudios de sociolingüística y sociología del lenguaje sobre la situación de Gibraltar. El estudio del entorno lingüístico de la población joven gibraltareña es de gran relevancia para conseguir un mayor entendimiento de las comunidades bilingües y, en particular, para saber de las necesidades educativas de esta población carente de un sistema educativo bilingüe en la actualidad.

El presente trabajo se enfoca en las actitudes de los jóvenes gibraltareños hacia el inglés y el español. Este es el primer estudio que investiga las actitudes de los estudiantes del College of Further Education (CFE) ante la situación de bilingüismo en

---

[1] En esta memoria se usarán los términos *Peñón* y *Roca* como sinónimos de Gibraltar.
[2] Para una panorámica de la historia lingüística y educativa de Gibraltar destacamos la tesis de Albert Austin Traverso (1980), *A History of Education in British Gibraltar 1704-1945* y H.W. Howes (1991), *The Gibraltarian, The origin and the evolution of the people of Gibraltar.*

el Peñón. Para ello, el trabajo analiza primeramente las actitudes y el uso del español y, consecuentemente, su estatus frente al inglés. Finalmente, se analizan las actitudes de los jóvenes estudiantes del CFE hacia el bilingüismo (español-inglés).

Este trabajo consta de cinco capítulos. El primero presentará una visión panorámica de la influencia del español en la Roca y de la penetración del inglés en la vida diaria de los gibraltareños. Se analizará la lengua vernácula *llanito* desde un punto de vista etimológico y social. Además, se considerará la situación del llanito como fenómeno lingüístico de la alternancia de códigos: español e inglés. Finalmente, se expondrá brevemente la situación educativa de Gibraltar y el papel que desempeña el español en el aula. El segundo capítulo presentará una introducción al tema del bilingüismo. Se examinará lo que entendemos por actitudes lingüísticas, teniendo en cuenta las principales investigaciones al respecto y trataremos el problema de medir las actitudes. El tercer capítulo expondrá las preguntas del presente trabajo y la metodología empleada. Seguirá una descripción de la comunidad estudiada y del procedimiento estadístico para el análisis de los datos. El capítulo cuarto analizará los datos obtenidos y, finalmente, en el último se expondrán las conclusiones y las repercusiones de las actitudes lingüísticas en la adopción de una educación bilingüe para Gibraltar.

Un estudio de esta índole viene motivado por el debate actual sobre la posible implantación de una educación bilingüe en Gibraltar. El estudio de las actitudes de los jóvenes gibraltareños es de gran importancia, ya que, como algunos autores han comentado, el estudio de las actitudes lingüísticas de los jóvenes de una comunidad de habla puede ilustrar el estado de vitalidad de las principales lenguas de uso: el español y el inglés en este caso.

1
LENGUA Y EDUCACIÓN EN GIBRALTAR

Gibraltar es el único lugar del continente europeo donde se da el contacto entre el inglés y el español. Este contacto tiene su origen a partir de 1704 cuando los británicos tomaron posesión de la Roca. Desde entonces, el contacto entre estas dos lenguas ha ido evolucionando pese a los momentos de tensión originados por la constante presión española por recuperar Gibraltar. Entre ellos destacamos la última crisis entre los gobiernos de Madrid y Londres cuando Franco decidió cortar las comunicaciones con el Peñón. Como consecuencia recíproca, las autoridades británicas decidieron cerrar la frontera gibraltareña en 1969. Esta crisis jugaría un papel de enorme importancia en el campo sociolingüístico de Gibraltar, como comentaremos más adelante.

En este capítulo se hará un breve recorrido de los momentos decisivos de la influencia del español y los inicios de proyección del inglés en la vida diaria de los gibraltareños. En segundo lugar, se analizará la lengua vernácula de Gibraltar: *el llanito*. Como punto final, se comentará sobre la situación educativa de Gibraltar y el papel que desempeña el español en las escuelas.

1. 1. El Español en Gibraltar

Después de la conquista de Gibraltar por el Reino Unido en 1704, la Línea de la Concepción, San Roque y los Barrios son los lugares de acogida para los españoles que abandonan el Peñón (West, 1956). La pregunta esencial es: ¿cómo ha sido posible que el español se haya mantenido hasta estos días? Una respuesta obvia podría aducirse a cuestiones geográficas. Sin embargo, hay que tener en cuenta otros datos de gran importancia. West (1956: 151-152) ofrece tres razones para tal hecho: 1) el comercio, 2) la necesidad de comunicarse con los trabajadores hispanohablantes y 3) los matrimonios mixtos entre gibraltareños y españoles.

Ballantine (2000b) comenta que el español goza de buena presencia desde la toma de Gibraltar en 1704 hasta bien entrado el siglo XX. Considera que "la presencia de judíos sefarditas, procedentes de la localidad marroquí de Tetuán, los trabajadores procedentes de Algeciras, los españoles residentes en el Peñón y los matrimonios mixtos hacen que el español pase de ser *lingua franca* a convertirse en la lengua materna de la mayoría de los hogares gibraltareños" (115-16).

A partir del siglo XX, el inglés empieza a adquirir enorme importancia. En la historia de Gibraltar se establecen tres periodos en el siglo XX que influirán de forma decisiva en la evolución lingüística de la comunidad gibraltareña (Ballantine 2000a). En primer lugar, la Guerra Civil Española provoca el cierre de la frontera, lo que impulsa el corte de las comunicaciones con España y con ello la concurrencia de trabajadores hispanoparlantes de las áreas próximas.

En segundo lugar, la Segunda Guerra Mundial provoca la evacuación de más de 16.000 gibraltareños hacia Gran Bretaña, Irlanda del Norte, Madeira, Jamaica y Tánger (Ballantine 2000b). Ballantine comenta que "para la mayoría de los evacuados y en particular los ancianos, mujeres y niños es el primer contacto con el idioma inglés y la cultura británica; habría que tener en cuenta que eran las mujeres las que mantuvieron (y mantienen) el español en el hogar y su influencia en los niños" (117). Por consiguiente, el español se seguiría usando pese a que los evacuados se encontraban lejos de Gibraltar. Krammer (1986) señala que el español vino a representar la identidad de los gibraltareños fuera del Peñón. Como señala uno de los informantes de la investigación de Krammer (1986: 19) "the ghetto situation in the refugee camps and the absence of most men, who normally have a better grasp of English than the women, led to an increased emotional attachment to Spanish, which was regarded as a precious link to the distant Rock".

En tercer lugar, el periodo de 1954 a 1982 jugaría un papel importante en la penetración y en el establecimiento de las formas de vida británicas en el territorio gibraltareño (Ballantine, 2001a). A partir de 1954 el gobierno franquista comienza su política de recuperación del Peñón. Esta política de provocación por parte de España induce a los gibraltareños a una antipatía y a un desdén hacia España, así como hacia el español. Franco, como golpe final, decide cortar las comunicaciones con el Peñón. El Gobierno de Gran Bretaña decide cerrar la frontera en 1969. Ballantine (2000b: 118) considera que es durante este momento que el inglés adquiere su mayor apogeo debido a varias razones, las cuales resume en seis puntos:

1. la influencia del inglés en la variedad local (*el llanito*),

2. el afianzamiento del inglés en dominios más amplios y en situaciones formales y oficiales,

3. la penetración del inglés en el hogar,

4. la incorporación de la mujer en el trabajo,

5. el desarrollo de un sistema educativo a través del inglés,

6. el cese de los trabajadores andaluces de las áreas colindantes.

Las motivaciones que potenciaron el uso del inglés fueron el deseo de los gibraltareños de ser identificados como miembros de la comunidad de habla inglesa y, en segundo lugar, distanciarse de la lengua española (Kellermann, 1996). Como comenta un gibraltareño, citado en Kellermann, "if we don't speak Spanish, that makes us English, because it doesn't make us Spanish, we must be English by definition" (75).

1.2. El Llanito

En Gibraltar la comunicación puede entablarse en inglés, en español y en llanito. El llanito ha venido a representar lingüística y socialmente el habla del gibraltareño. Hasta la fecha se ha seguido debatiendo sobre el origen etimológico de la palabra *llanito*. Nos encontramos con ciertos estudiosos como Krammer (1986), Ballantine (2000b) y Britto (1996) que prefieren utilizar la grafía "ll" frente a Kellermann (1996) y Cabila (1978, 1984) que optan por la grafía "y".

9

Por un lado, Krammer (1986: 94) mantiene la grafía llanito, ya que considera que se origina del gentilicio latino PLANVS (llano). Cabila (1984) considera "que viene determinado por la comunidad genovesa que se asentó en el Peñón a principios de siglo. Como es sabido, el santo patrón de los genoveses es San Giovanni Battista, y de aquí que un gran número de ellos se llamen Giovanni, cuyo diminutivo en italiano es Gianni, pronunciando YIANI en español" (1). Según Cavila, el término no se refiere a la palabra *llano*, ya que se llamaría a los gibraltareños *llaneritos* (2). García Martín (1992) está más de acuerdo con Krammer, ya que "si la lengua romance hablada en Gibraltar es el español o una variedad de este, las reglas ortográficas de dicha lengua, en virtud de la etimología, piden el uso de *'LL'* "(17).

Lipski (1984) señala que "lo curioso de la situación lingüística de Gibraltar es que el dialecto llanito del español no es en absoluto un criollo, ni siquiera una variante muy distorsionada del habla andaluza, sino un dialecto que apenas se diferencia del habla de Algeciras y Cádiz" (424). Considera que el perfil lingüístico de Gibraltar se parece a las sociedades donde se habla un idioma acriollado, donde una lengua metropolitana de origen europeo pugna con un idioma criollo de menor condición social (425). Fierro Cubiella (1986: 49) define el llanito simplemente como "la variedad lingüística del andaluz hablada en Gibraltar".

El llanito se considera también como la alternancia de códigos entre el inglés y el español. El llanito puede ser considerado como un continuum lingüístico en el que se alternan el español y el inglés. Esta alternancia de códigos se manifiesta principalmente en la comunicación oral. Kellermann (1996) define al llanito como "a continuum where a varying degree of English elements is inserted into a Spanish basis" (77). Ballantine (2001a) recalca que el cambio de código afirma la identidad local de Gibraltar, añadiendo que hay cuatro modelos de cambio de código: 1) uso alterno de dos idiomas, 2) combinación de diferentes constituyentes sintácticos en la misma oración, 3) inserción de unidades léxicas individuales y 4) la inserción de expresiones fijas con contenido cultural. Establece los siguientes rasgos lingüísticos del llanito:

1. preferencia por la utilización de nombres deverbales
   Hoy no tenemos *training*.
   Mañana vamos Christmas *shopping*.

2. condicionamientos semánticos
   Sir, no tengo *ruler*.
   Le voy a dar un *party* a mi hijo.

3. referencias a realidades no existentes en español
   Quiero un *cracker* con queso.
   Voy a comprar un Christmas *cracker*.

4. calco semántico
   Le dieron la peor *marca* de la clase.
   Me han *marcado* el homework.

5. préstamos de otros idiomas
   pompa (bomba de agua) del genovés
   safi (basta) del árabe marroquí

6. hispanización de términos ingleses
   cuécaro (avena: quaker oats)
   pisup (sopa de guisantes: pea soup)

Como mencionamos anteriormente, el llanito ha venido a representar la lengua vernácula de Gibraltar. Por un lado, se define como la alternancia de códigos entre el español y el inglés. Para otros, el llanito viene a representar el español hablado en Gibraltar. Los más puristas consideran el llanito como un español "mal hablado". Ballantine (1983) comenta que los gibraltareños desde edad temprana se ven expuestos al llanito. Considera que el llanito puede ocasionar problemas en el aprendizaje del inglés y en el perfeccionamiento del español de los niños. El inglés de los niños presenta errores léxicos fonéticos a causa del español, como así lo explica:

> because English is used in Schools, children learn Spanish orally yet are not fully aware of lexical boundaries; they are therefore unable to avoid interference. Hence they will say phrases like "Un día qun hombre" (One day when a man) or "Fue aun hombre questaba" (He went to a man who was) where "qun", "aun" and "questaba" are assimilations of "que un", "a un", "que estaba". (48)

Ballantine (1983) afirma en su estudio que el sistema educativo deja mucho que desear, ya que en lugar de afianzar el bilingüismo entre los niños podría crear una situación de semilingüismo[3]. Según el autor, "el semilingüismo no está originado por la existencia de dos lenguas sino por la forma que se imparten en las escuelas" (60).

1.3. Educación en Gibraltar

En 1943 se implantó un nuevo sistema educativo, cuyo objetivo fue la introducción oficial del inglés como medio de instrucción en las escuelas. En el párrafo 52 del Informe Educativo de 1943 (Education Report of 1943) se lee: "the future generation shall be British in something more than the name and shall share equally with other members of the great family of British peoples all that the English language, culture and tradition have to offer them" (citado en Britto, 1993: 25). Las autoridades educativas de Gibraltar no podían ignorar que el español también formaba parte de la comunicación diaria entre los miembros de la comunidad de habla gibraltareña, como se demuestra en el párrafo 21 del mismo informe:

> The Gibraltarians are people who should be naturally bilingual and it is the committee's ambition that the young people of the colony should become perfectly bilingual; but the local vernacular of poor standard, there is little appreciation for grammar or syntax. It is recommended, therefore, that Spanish should be regularly taught in all Schools from 11 plus. It is not, of course, to be used as medium of instruction. (Britto, 1993: 26).

El inglés se convirtió en el único medio de enseñanza en las escuelas y el español pasó a ser una asignatura opcional. Según Ballantine (2000b), el conocimiento del inglés mejoró de forma considerable. El sistema educativo adoptó un modelo más parecido al del Reino Unido.

En Gibraltar hay siete escuelas primarias, cuatro escuelas secundarias (*middle schools*) y dos institutos (*comprehensible schools*) que no son mixtos. Además, nos

---

[3] Baker (1997: 36) indica que "un semilingüe muestra un vocabulario pequeño y una gramática incorrecta, piensa conscientemente sobre la producción lingüística, es afectado, no crea en cada lengua y le resulta difícil pensar y expresar emociones en cualquiera de las dos lenguas".

encontramos con dos instituciones privadas, aunque siguen los dictados del gobierno de Gibraltar. Por ejemplo, hay una escuela primaria para hebreos y un instituto hebreo, uno para chicos y otro para chicas.

Cuando los niños gibraltareños comienzan la escuela primaria son tratados como angloparlantes totales, situación que según Lipski (1986: 418) no corresponde a la situación real de Gibraltar, ya que los niños gibraltareños se han educado en el hogar donde la lengua principal es el español. En la actualidad, el español se introduce en los primeros años escolares como ayuda auxiliar cuando los estudiantes no entienden las explicaciones en inglés (Britto, 1993: 29). El inglés es la lengua de instrucción en todo el sistema educativo y el español es una asignatura demás, como el francés o el alemán.

En el año 1983 Ballantine dedica su tesis de maestría a los efectos del uso del inglés como medio de instrucción con niños que tienen como primera lengua el español. El investigador concluye que los informantes encontraban dificultades lingüísticas en el inglés por la carencia de léxico, poca competencia del inglés, interferencias entre las dos lenguas y problemas acusados de pronunciación. Ballantine defiende la necesidad de implantar una educación bilingüe en Gibraltar. El modelo que propone es el de un sistema educativo substractivo, en el que se va dedicando progresivamente más tiempo al inglés en el aula (Figura 1).

Figura 1
MODELO BILINGÜE PROPUESTO POR BALLANTINE (1983)

ESPAÑOL %	INGLÉS %	EDAD
80	20	5
70	30	6
60	40	7
50	50	8
45	55	9
35	65	10
25	75	11
20	80	12-18

Ballantine sugiere este sistema bilingüe teniendo en cuenta que la mayoría de estudiantes que ingresan en la escuela tiene un dominio del español del 80% con poco conocimiento del inglés. Ballantine indica que el inglés irá acaparando más terreno, ya que el futuro de los niños gibraltareños depende del dominio del inglés.

La disyuntiva que uno puede encontrar en Gibraltar no es sólo la falta de una educación bilingüe en la escuela primaria y secundaria. Como mencionamos anteriormente, los alumnos que desean continuar sus estudios en el CFE (College of Further Education) no tienen la posibilidad de continuarlos en español, ya que el inglés es la lengua oficial. Sin embargo, existe la necesidad imperiosa de ofrecer cursos específicos para hispanoparlantes, como los que se imparten en universidades de los Estados Unidos.

Si tenemos en cuenta las investigaciones de Britto (1993) y Modrey (1998), la mayoría de sus participantes se consideraban bilingües en español y en inglés. Pese a esto, las autoridades gibraltareñas parecieran hacer caso omiso a los deseos de sus ciudadanos, ya que desafortunadamente el reconocimiento del español como segunda lengua se ha vinculado a la cuestionada soberanía del Peñón. La creación de una educación bilingüe, según Britto (1993), no es viable en Gibraltar por las connotaciones políticas y culturales que podría acarrear. Añade que "los gibraltareños no desean ser asociados con el español y menos que éste adquiera el estatus de lengua oficial" (52).

Cabría puntualizar que cuando el gibraltareño no desea ser asociado con el español, en realidad lo que quiere decir es no ser calificado de *ciudadano español,* como me comentaron algunos gibraltareños durante mi estancia en el Peñón.

1.4. Bilingüismo en Gibraltar

En Gibraltar conviven varias comunidades: hindúes, marroquíes, judíos, españoles y británicos principalmente. En estas comunidades, a excepción de los oriundos del Reino Unido, se llegan a hablar tres lenguas: hindú, inglés y español; árabe-marroquí o amazight, inglés y español; hebreo, inglés y español. En esta sección se destacan el inglés y el español por ser las lenguas de uso más amplio en la comunidad gibraltareña.

1.4.1 Bilingüismo

El inglés es la lengua oficial de Gibraltar y se usa principalmente en todos los contextos formales y oficiales. El español se adscribe principalmente a la familia y a las situaciones informales. Lipski (1986) comenta que:

> En la actualidad, son escasísimos los gibraltareños nativos que no hablan el español, y en la mayor parte de los hogares legítimamente gibraltareños, el español es la lengua de uso cotidiano, a veces en combinación con el inglés. Es natural que las parejas gibraltareñas de origen español recurran al idioma castellano, pero lo más notable del ambiente lingüístico de Gibraltar es que aun los oriundos del Reino Unido que se trasladan a Gibraltar suelen adoptar el español como una consecuencia natural de su estadía en la colonia, y sus hijos aprenden este idioma con la mayor facilidad. (416)

El inglés se utiliza en algunas familias si uno de los padres es oriundo de Gran Bretaña. Lipski (1986) señala que el inglés se utiliza: 1) al dirigirse a un funcionario gubernamental, 2) cuando se quiere sostener cierto nivel de dignidad personal al dirigirse a un dependiente o un recepcionista, 3) al dirigirse a un extranjero o a un turista que por lo visto no proviene de España y 4) en cualquier situación que conduzca al mejoramiento del prestigio y nivel del hablante.

Britto (1996:19) indica que Gibraltar refleja una situación de diglosia y bilingüismo. De acuerdo a la distinción que hace Ferguson (1959) de variedad alta (A) y variedad baja (B), para Britto el llanito sería la variedad B, de un español parecido al de Andalucía, y el español estándar la variedad A. De esta manera, los jóvenes gibraltareños son conscientes de las diferencias entre las variedades A y B del español, lo cual viene inculcado por las escuelas en Gibraltar en las que, según Britto (1996:20), se enseña un español estándar.

La situación sociolingüística de Gibraltar se ve mucho más compleja al tener en cuenta la situación política y afectiva de los gibraltareños. El inglés viene a representar la identidad del gibraltareño para distanciarse del español, lengua que simboliza la ciudadanía y cultura de España. Sin embargo, se pueden encontrar opiniones en las que los gibraltareños sí aceptan que el español forma parte de la identidad de Gibraltar

15

aunque consideran que hablan un "español incorrecto". Como dice una informante del estudio de Modrey (1998): "Our Spanish is not Spanish. It is not Castilian. I mean it is completely different, the words and the pronunciation. We don't speak proper Castellano" (85). Modrey (1998) comenta que en Gibraltar se da el caso de *language disloyalty* (deslealtad lingüística). Es decir, los gibraltareños prefieren utilizar el inglés, ya que el español no estaría acorde con sus ideas políticas. El uso del inglés establece una relación política con Gran Bretaña. De igual forma, Krammer (1986), afirma que "obviously in Gibraltar we find the opposite of language loyalty: the mother tongue is regarded as dangerous to the lifestyle the Gibraltarians have chosen" (63).

1.4.2 Estudios sobre actitudes en Gibraltar.

Los estudios sobre las actitudes lingüísticas de la población joven de Gibraltar son escasos. A continuación se destacarán los resultados de algunos que se han realizado en esta zona.

Britto[4] dedicó su tesis de maestría a las actitudes de los estudiantes de Bayside Comprehensive School (escuela secundaria) durante el año 1993. En particular, su investigación se centra en el estudio de las actitudes de alumnos y profesores hacia el inglés, el español y la variedad local o *llanito*. Britto llegó a la conclusión de que los estudiantes elegían el español más por motivos instrumentales que integrativos, ya que al ser el español una asignatura "fácil" podían conseguir una puntuación alta en los exámenes de selectividad para después entrar en la universidad (55).

Aunque la mayoría de los profesores dan una opinión positiva para la implementación de un sistema de educación bilingüe, sus creencias no se corresponden con las respuestas dadas en los cuestionarios que distribuyó Britto. El uso del español en el aula afecta la competencia de los estudiantes en el inglés. Los profesores entrevistados opinaron que las actitudes y la comunidad gibraltareña en sí deberían cambiar y no el

---

[4] Agradezco al profesor Britto que me enviara por correo electrónico su tesis de maestría. Por tanto, se ha de tener en cuenta que las páginas de su trabajo y a las que nos referimos en el presente libro puede o no coincidir con la versión original dado que nosotros consultamos la envida por correo electrónico.

sistema educativo. Britto (1993: 59-60) resume las conclusiones de su estudio en catorce puntos, los cuales aparecen a continuación:

1. Most teachers expressed maximalist, traditional attitudes towards bilingualism.

2. Most teachers had different perceptions about their own bilingualism and that of their students.

3. As a consequence of (1), a substantial number of teachers felt that their students were not 'true" bilinguals even if they did communicate in more than one language or language mode.

4. Attitudes towards bilingualism, as a concept, were generally positive.

5. Attitudes towards bilingual instruction in the classroom were generally negative.

6. There was a dichotomy between expressed attitudes towards bilingualism, as a conceptual notion, and actual bilingual practices in the classroom.

7. Attitudes towards the home language were generally negative with most teachers feeling that more English should be used both at home and in school.

8. Most teachers generally avoided the use of the term 'Llanito" to describe the local Spanish variety unless provided with a cue as to its appropriateness.

9. English was the most valorized language, standard Spanish second in status and "Llanito" last.

10. There was little recognition of the local Spanish variety, Llanito, as a dialect in its own right.

11. The use of Spanish as a language of instruction was associated with notions of informality and inappropriateness.

12. Spanish was viewed as a means to an end and was only perceived as being instrumentally valuable.

13. The use of Spanish was tolerated if confined to informal, non- teaching contexts or where it aided the acquisition of English in extreme cases.

14. Teachers were generally non-critical of the present monolingual education system and tended to view student's language problems as a consequence of the community's linguistic situation.

17

Ballantine (1983) analizó la situación de los estudiantes de primaria que llegan a la escuela con un dominio de inglés casi nulo, ya que se han criado en un ambiente dominado por el español. La hipótesis que proponía Ballantine en 1983 era que los gibraltareños se beneficiarían de una educación bilingüe. Su propuesta fue ignorada por las autoridades educativas del Peñón, pues habría que añadir que la situación del momento, el cierre de la frontera, era de total antipatía hacia el español y hacia España. Por consecuencia, la propuesta no fue valorada positivamente. Ballantine estudió los dominios de uso del inglés y del español por parte de los niños gibraltareños. Llegó a la conclusión de que en la comunicación interpersonal, el 24,5% de los niños de edad escolar preferían el inglés y el 75% el español. En las situaciones formales, el 87% prefería el inglés y el 13% el español. Por otro lado, el 40% utilizaba el inglés en el hogar, mientras el 59,5% usaba el español. Finalmente, el 74% prefería el inglés en la escuela y el 26% el español.

Modrey (1998) investigó los usos y las actitudes lingüísticas en Gibraltar usando como método de recogida de datos un cuestionario con unas escalas de diferenciación semántica. Modrey (1998: 77) señaló que en la actualidad hay un incremento del uso del inglés entre las nuevas generaciones aunque el español sigue siendo la principal lengua de comunicación entre los gibraltareños en la casa y en situaciones informales. Respecto al incremento del uso del inglés, Modrey (1998: 77-80) considera que "se debe primero a las nuevas generaciones de padres jóvenes conscientes de la importancia del inglés para sus hijos y, en segundo lugar, a la incorporación de la mujer gibraltareña al trabajo". En cuanto a las actitudes, comenta que una opinión generalizada en Gibraltar es que hay un gran número de personas que tienen problemas con el inglés, lo cual ejemplificamos con la cita de uno de los informantes de Modrey (1998):

> I think there is a large number of people in Gibraltar who have problems with English and the fact that they have to break into Spanish to complete a sentence [...] So I think there are many people who have problems with English and Spanish. I put it very simple, the people of Gibraltar can survive on language but as soon as they move away from the Campo area or move away from family and friends I think that isolates them

with English or with Spanish. Most of them have difficulty and the embarrassment as well because they would wish to speak properly. I think circumstances, not force, encourage people to mix the language. (82)

En el siguiente capítulo se presentará un resumen de marcos teóricos y estudios realizados sobre actitudes, motivaciones y prestigio lingüístico. Además, se expondrán las investigaciones llevadas a cabo en temas de bilingüismo y diglosia. Esto nos ayudará a entender con más detalle la situación sociolingüística de Gibraltar y, en último término, comparar la teoría con los resultados del presente trabajo.

2

EL ESTUDIO DEL BILINGÜISMO Y LAS ACTITUDES

En las últimas décadas, la sociolingüística ha ido integrando el estudio de las actitudes lingüísticas como parte fundamental de su área de investigación. El estudio de las actitudes lingüísticas enfoca en las opiniones que tienen los hablantes de su lengua (o la lengua hablada por otro grupo) y del uso que se hace de ella en una determinada comunidad de habla. En este apartado, repasaremos primeramente los conceptos de bilingüismo y diglosia. Pasaremos después al concepto de actitudes lingüísticas, según ha sido explicado por varios teóricos destacados. Finalmente, subrayaremos las técnicas empleadas para medir las actitudes lingüísticas.

2.1. Bilingüismo

2.1.1. Bilingüismo y diglosia

Al acercarse a una sociedad en la que se usa más de una lengua, el investigador se encuentra ante la difícil tarea de clasificar el tipo de bilingüismo que se vive en esa sociedad en concreto. Generalmente nos referimos a una situación de bilingüismo cuando una comunidad de habla interactúa en más de una lengua, por ejemplo: catalán y castellano, irlandés e inglés, amazight y español, etc. La situación de bilingüismo puede darse bien porque en una zona específica las dos lenguas han convivido desde antaño, o por la venida de inmigrantes que traen consigo su lengua materna y, por consiguiente, cambian el perfil sociolingüístico del lugar de nueva residencia. Al analizar las situaciones de bilingüismo es importante hacer una distinción entre bilingüismo como fenómeno individual y bilingüismo como fenómeno social o de grupo.

El bilingüismo individual se define como la capacidad que tiene un individuo de usar dos lenguas como nativohablante. Una persona es considerada bilingüe cuando posee la habilidad de usar dos lenguas y multilingüe cuando tiene la habilidad de usar más de dos lenguas (Hornby 1977: 3). Romaine (1989) entiende el bilingüismo como el uso alternativo de dos o más lenguas y comenta que es complejo definir lo que entendemos por "nativohablante[5]". Halliday y otros hablan de *ambilingüismo*, es decir que la persona tiene una competencia igual en las dos lenguas (mencionado en Rotaexte 1990: 54). El problema con esta definición es lo que entendemos por *competencia*. Así por ejemplo, Baker (1997: 30) considera la importancia de tener en cuenta "la capacidad lingüística, el rendimiento, la competencia, la actuación y las destrezas lingüísticas" a la hora de definir a una persona como bilingüe. A su vez, tendríamos que reconocer que la competencia lingüística de los individuos no se puede separar de los contextos sociales en los que se usan las lenguas. Según Baker (1997), una persona puede tener un dominio limitado en ciertas destrezas y todavía tener éxito en el acto comunicativo. Por último, hay que tener presente en el análisis del bilingüismo funcional del individuo tres interrogantes: *cuándo, dónde* y *con quién* utilizan las personas bilingües sus dos lenguas, tal como postularía Hymes (1974) en su modelo de *competencia comunicativa*. Haugen (1953) plantea que "bilingualism begins when the speaker of one language can produce complete meaningful utterances in the other language" (6-8).

En cuanto al bilingüismo como fenómeno social, Fishman (1967) lo explica en términos de *ámbitos* o *dominios*. El dominio se define como "una abstracción referida a un espacio de acciones en que se integran tiempos, lugares y roles sociales específicos" (Romaine, 1989: 62). En su estudio sobre la comunidad neorriqueña de Nueva York, Fishman (1971) estableció cinco dominios: 1) la familia, 2) los amigos, 3) la religión, 4) el trabajo y 5) la educación. Romaine (1989) apunta que "en cada dominio pueden haber presiones de varios tipos que influyen al bilingüe a usar una lengua u otra" (63-64), lo que viene a cuestionar el modelo de dominios planteado por Fishman. Según Romaine (1989), no sería posible afirmar categóricamente, como en el estudio de Fishman sobre

---

[5] Para un estudio más detallado sobre el término nativohablante véase Christophersen, J. (1999), *Two More Contributions to "Nativeness" Debate*; Brutt-Griffer, J. (2000), *Transcending the Nativeness Paradigm*; Árva, J. (2000), *Native and Non-Native Teachers in the classroom*; Schmit, N. (1998) *Quantifying World Association Responses What is Native-Like*; White, L. (1996), *How Native is Near Native?*; y Coppieters, R. (1987), *Competence Differences between Native and Near Native Speakers*.

21

el uso del español y el inglés en Nueva York, que el español se inscribe a ciertos dominios y el inglés a otros, relación que él caracteriza como diglósica. Se ha constatado que el inglés puede aparecer en las interacciones informales entre la familia y los amigos.

Precisamente, Pedraza, Attinasi y Hoffman (1980: 24) señalan, con referencia al trabajo de Fishman sobre los usos lingüísticos de la comunidad neorriqueña, que no se pueden explicar las preferencias lingüísticas en los esquemas de dominio, ya que existen factores que van más allá de la persona, del lugar, del tiempo o de la situación. Existen factores como las relaciones entre generaciones de hablantes que, motivados por aspectos socio-históricos, determinan la elección de una u otra lengua más que el concepto de dominio por sí solo. Además, Pedraza et al. indican que la comunidad neorriqueña en Nueva York utiliza tanto el inglés como el español en todo tipo de interacciones, y que así urge replantearse la diglosia en ese contexto.

El concepto de diglosia lo planteó Ferguson (1959) para referirse al uso de dos o más variedades (dialectos) de una misma lengua, las cuales él llama variedad alta (H) y variedad baja (L). La diglosia asigna las funciones de cada una de las variedades de acuerdo a los dominios; así las funciones quedan caracterizadas por el prestigio y la formalidad que, según Ferguson, recibe la variedad alta pero se le niega a la variedad baja (1959: 340). Ha habido una serie de investigadores, como Fishman, que han ido revisando el concepto de diglosia. En su artículo, ya clásico de 1967, Fishman postula cuatro tipos de situaciones posibles de diglosia y bilingüismo, los cuales vemos reflejados en la Figura 2.

Figura 2
SITUACIONES POSIBLES DE BILINGÜISMO Y DIGLOSIA

	+	-
+	1. Diglosia y bilingüismo	3. Bilingüismo sin diglosia
-	2. Diglosia sin bilingüismo	4. Ni bilingüismo ni diglosia

(Fishman 1979: 121)

Como se puede ver en la Figura 2, una situación de *bilingüismo y diglosia* es característica de cualquier comunidad en la que se usan ambas variedades de la lengua, la alta y la baja. Suele citarse el caso de Paraguay donde supuestamente el guaraní viene a ser la variedad baja y el español la variedad alta. Fishman (1979) considera la situación como diglósica, ya que el español se da en las situaciones o en los contextos formales y el guaraní en los contextos informales. Sin embargo, Gynan (1998) señala que no se puede hablar de diglosia y bilingüismo en Paraguay porque muchos paraguayos no son bilingües. Añade que "no hay ni diglosia sin bilingüismo, ni diglosia con bilingüismo, sino un estado intermedio de evolución desde una sociedad rural y monolingüe en guaraní hacia una urbana y bilingüe, la cual al fin y al cabo, según algunos, culminaría en el desplazamiento hacia el castellano" (75). Para el segundo tipo –*diglosia sin bilingüismo*- Fishman (1979: 129) supone que "los estadios lingüísticos del este de Europa y de India y los problemas lingüísticos de Gales y Bélgica provienen de orígenes tales como estos. También sería el caso de Suiza". Es decir, cada grupo de hablantes emplea una lengua diferente. Un tercer tipo sería *bilingüismo sin diglosia*, en el que la mayoría de los hablantes puede utilizar cualquier lengua en cualquier contexto comunicativo. Finalmente, una situación *sin bilingüismo y sin diglosia* es típica de sociedades lingüísticamente "pequeñas, aisladas y no diversificadas" (1979: 132).

Sin embargo, el modelo de Fishman no se ha visto exento de críticas. Pedraza, Attinasi y Hoffman (1980: 37-38) consideran que el concepto *diglosia con bilingüismo* no explica teóricamente las preferencias de uso durante el acto comunicativo. Asimismo, señalan que, si bien es posible que las lenguas habladas en una comunidad en particular resulten en una separación funcional, el constructo de diglosia no llega a explicarla y. por consiguiente, ignora los procesos sociales que pueden llevar a la pérdida o el mantenimiento de las lenguas. Siguiendo esta línea de pensamiento, Winford (1985) comenta que:

23

diglossia with bilingualism is sometimes made on the grounds that the functions of the distinct languages are in complementary distribution. If this view is pushed to its logical extreme almost every case of multilingualism could fit the description of diglossia since the functions of any two languages controlled by a single speaker are almost always a partial or total complementary distribution. Cleary, to equate diglossia with binguism is not very useful. (346)

El problema que nos podemos encontrar en muchas sociedades bilingües o multilingües es que la variedad considerada la más prestigiosa acaba por extenderse a todos los dominios lingüísticos a expensas de la variedad considerada baja, que suele ser la variedad estigmatizada. Si tal situación llega a producirse, la variedad baja puede llegar a ser desplazada y, en último término, a desaparecer como está ocurriendo con algunas lenguas quechuas en el Perú. Una cuidadosa planificación lingüística puede fomentar una saludable diversidad lingüística en las sociedades bilingües (Von Gleich 1994). En las comunidades de habla, las funciones y los límites de las dos lenguas afectarán y serán reflejados en la política y en la práctica de la enseñanza bilingüe.

2.1.2. Educación bilingüe

Las escuelas ejercen un papel importante de influencia sobre los alumnos. A veces es en el salón de clase donde se pueden poner de relieve los usos y las actitudes lingüísticas de la clase social dominante y, por consiguiente, los estudiantes que representan hábitos lingüísticos estigmatizados por la clase alta pueden llegar a sufrir algún tipo de discriminación (Bourdieu 1991). El problema se agudiza mucho más cuando dos lenguas mayoritarias compiten en el aula donde una, como el inglés, es la lengua oficial y la otra, el español, es considerada la lengua minoritaria, como es el caso de Gibraltar.

Por tanto, una educación bilingüe debería tener en cuenta el concepto de etnicidad que establece una relación de identidad entre el individuo y su comunidad de habla (Fishman 1979). La preocupación central de Fishman es el papel fundamental que juega el profesor a la hora de tratar el tema de las variedades dialectales en el aula bilingüe. En

24

el caso de los Estados Unidos, donde las clases de español para nativohablantes están viendo un crecimiento significativo, los maestros y maestras se enfrentan al difícil dilema de elegir una variedad del español frente a un alumnado que representa diferentes hablas dialectales del español (Carreira 2000, Villa 1996, Roca 1992).

La cuestión primordial es, entonces, buscar un modelo de educación bilingüe que potencie y garantice el derecho de sus ciudadanos al aprendizaje igualitario de ambas lenguas (o variedades). El objetivo de una educación bilingüe es formar ciudadanos bilingües. Ferguson (1977, citado en Baker 1997: 218-19) ofrece diez ejemplos de diferentes objetivos de la enseñanza bilingüe:

1) asimilar a los individuos y a los grupos dentro de la sociedad dominante y socializar a las personas para una plena participación en la comunidad,

2) unificar una sociedad multilingüe y traer unidad a un estado multiétnico, multitribal o multinacional lingüísticamente diverso,

3) capacitar a las personas para comunicarse con el mundo exterior,

4) ofrecer las destrezas lingüísticas que sean comerciales y que ayuden al empleo y al estatus,

5) preservar la identidad étnica y religiosa,

6) reconciliar y mediar entre las diferentes comunidades políticas y lingüísticas,

7) extender el uso de una lengua de colonización, integrando a toda una población en una existencia colonial,

8) reforzar los grupos de élite y preservar su posición en la sociedad,

9) dar igual estatus ante la ley a las lenguas de estatus desigual en la vida diaria y

10) profundizar en el entendimiento de la lengua.

Siguán y Mackey (1986 citado en Moreno Fernández 1998: 220) definen la educación bilingüe como "el sistema educativo que utiliza dos lenguas como medio de instrucción, de las cuales normalmente una es la primera lengua de los alumnos". Nos podemos encontrar con varios tipos de educación bilingüe como la educación bilingüe por sumersión[6], cuyo propósito es cambiar la lengua vernácula del estudiante a la mayoritaria. Baker (1997) aplica la analogía de la piscina para explicarlo:

> El alumno es arrojado a lo profundo para que aprenda a nadar lo más rápidamente posible sin la ayuda de flotadores ni de clases especiales de natación. La lengua de la piscina es la lengua de la mayoría y no la lengua materna del niño. A los alumnos de la lengua minoritaria se les enseña todo el día en la lengua de la mayoría junto a hablantes de la lengua mayoritaria. Tanto los profesores como los alumnos deben emplear la lengua de la mayoría en la clase, no la lengua materna. Los alumnos pueden hundirse, luchar o nadar. (220)

El modelo transitorio tiene como objetivo la asimilación (Cummins 1984, 2001) y difiere de la enseñanza por sumersión en que a los estudiantes minoritarios usan su lengua materna hasta que se considera que pueden usar la lengua mayoritaria para hacer frente a la enseñanza general. El objetivo es incrementar el empleo de la lengua mayoritaria a la vez que se disminuye el empleo de la lengua materna.

A modo de ilustración, se comentan los estudios llevados a cabo en Cataluña, los Estados Unidos y Puerto Rico en materia de educación bilingüe. En Cataluña, "la investigación revela que los niños castellanoparlantes que estudian en un programa de inmersión no sólo alcanzan fluidez en catalán, sino que su español no sufre" (Baker 1997: 231). Sanz (2000) comenta que en un estudio realizado por Strubell y Romaní (1996) sobre las actitudes hacia el bilingüismo y la educación bilingüe en Cataluña los participantes, compuestos de monolingües y bilingües, preferían una educación bilingüe porque la fluidez en español y en catalán podría facilitar el dominio de una tercera lengua. Doyle (1995) también realizó una investigación sobre las actitudes de los jóvenes barceloneses hacia el bilingüismo. Los resultados indicaron que los participantes consideraban importantes las dos lenguas como parte de la cultura e identidad en Cataluña. Los jóvenes barceloneses consideran que el bilingüismo es muy importante

---

[6] La enseñanza bilingüe por inmersión tiene su centro importante en Canadá. La educación bilingüe por inmersión puede subdividirse en inmersión temprana, media o tardía y total. Para un estudio más detallado de Canadá se puede consultar las obras de Lambert, Tucker y Seligman (1972).

26

para la tolerancia y el entendimiento entre culturas. Finalmente apunta que "as youths continue to mix culturally, feeling at ease in both languages, they will choose mates of either culture, and many will ultimately raise their children as Catalan native speakers" (189).

La educación bilingüe también es común en los Estados Unidos. Sin embargo, la política bilingüe no permanece al margen de los que no apoyan una educación en dos lenguas. Los padres y madres inmigrantes de lengua española desean que sus hijos asciendan escolarmente y que se incorporen al llamado "mainstream" en los Estados Unidos. No sólo los padres sino los profesores reflejan una actitud favorable hacia el inglés. Shannon (1995: 196) considera que el éxito de un programa bilingüe no sólo viene determinado por los padres y los alumnos sino también por los profesores. En su estudio sobre la hegemonía del inglés en las clases donde hay estudiantes hispanos, llega a la conclusión de que para mantener un balance entre el inglés y el español el papel del profesor es vital. Así por ejemplo, en su investigación comenta que la profesora, a la que observó, estableció varios retos para que el inglés no adquiriera poder sobre el español: 1) "thinking language when preparing every day activity of the day"; 2) "thinking language when giving directions, asking questions, answering kids' questions-in every interaction with any student, coworker, parent, or visitor"; 3) "not allowing in the classroom any materials in Spanish that do not have the same quality as the English counterparts"; 4) "working hard to convince all kids, some parents, and school staff that Spanish is fun and beautiful"; 5) "not allowing racist comments from anybody"; 6) "consciously talking to kids in their second language"; y 7) "taking a lot of risks".

Puerto Rico[7] se presenta como un caso singular en que el español y el inglés entran en contacto con la invasión de los Estados Unidos en 1898 y la posterior firma del Tratado de París en el que España cedió la colonia al gobierno norteamericano. Este

---

[7] Algunos autores como West (1954) han llegado a relacionar el caso de Puerto Rico con Gibraltar. Sin embargo, no es muy acertado tal relación por cuestiones políticas. Puerto Rico es un estado asociado de los Estados Unidos. Por el contrario, Gibraltar es un territorio británico reclamado por España como parte de la soberanía española. Lingüísticamente, Puerto Rico ha celebrado varios referéndums sobre la oficialidad del español mientras que Gibraltar ha mantenido una férrea posición para evitar que el español adquiera estatus oficial.

acontecimiento cambiaría el perfil sociolingüístico de Puerto Rico. La Ley de Idiomas Oficiales de 1902 reconocía el español y el inglés como lenguas oficiales, aunque esta última se convirtió en la lengua de los dominios oficiales (Ortiz-López 2000: 392). Sin embargo, la Ley de los Idiomas Oficiales perdió toda su credibilidad al ignorar la situación sociolingüística de Puerto Rico debido a que el español continuaba siendo el medio de comunicación de la población. La proclamación del "Proyecto Para Formar un Ciudadano Bilingüe Puertorriqueño" de 1997, según la Academia Puertorriqueña de la Lengua (1998: 58[8]), "creaba una situación artificial en la cual los niños puertorriqueños eran considerados lingüísticamente como extranjeros en su propio país". Este proyecto no se ha visto falto de críticas por una clara preferencia del inglés sobre el español, contradictorio a una política que aspira a educar a ciudadanos bilingües. Ortiz-López afirma que este proyecto estaba destinado al fracaso porque ignoraba la realidad sociolingüística de Puerto Rico. Sugiere que una planificación profunda y metódica requiere el acatamiento de varias etapas (Ortiz-López 2000: 399-400):

1) una investigación objetiva de la realidad sociolingüística imperante en el país, por ejemplo, se requiere de un estudio riguroso de los dominios de ambas lenguas, así como un examen de las actitudes y creencias lingüísticas que manifiestan los hablantes hacia ellas,

2) la planificación requiere una formulación clara de una política lingüística delimitada, partiendo de la exploración a priori, que resuelva el papel que desempeñarán las lenguas en cuestión,

3) la planificación requiere un establecimiento cuidadoso de la política lingüística delineada, alcanzando las metodologías fundadas en el tipo de lengua que se persigue desarrollar y

4) la planificación requiere una evaluación metódica que examine tanto el éxito y las dificultades de los modos empleados como la política lingüística en general.

A la hora de implementar un sistema bilingüe entran en juego intereses de carácter social, cultural, político y económico. En la planificación de una educación bilingüe

---

[8] Véase *Proyecto para formar un ciudadano bilingüe. Revista Pedagogía*, vol. 33 (1).

también deben involucrarse padres, alumnos y profesores. Una actitud favorable por parte de estos últimos hará que la implementación de una educación bilingüe tenga éxito. A su vez, en el contexto educativo, la formación de profesores en materia de bilingüismo es fundamental, ya que en último término, de ellos dependerá que los estudiantes adquieran las dos lenguas con logro (Baker 2001). En último término, las actitudes, las preferencias y los usos lingüísticos de la comunidad de habla jugarán un papel decisivo para que la implantación de un programa bilingüe sea fructífera.

2.2. Actitudes y motivaciones

El objetivo de esta sección es tratar el tema de las actitudes de individuos bilingües hacia las dos lenguas de su comunidad, así como hacia los usuarios de ellas. Para ello, se hace un recorrido de las posibles definiciones de actitudes, pues como veremos, es imposible encontrar una definición unánime entre los investigadores dedicados al tema. La actitud aparece como un proceso influenciado por las motivaciones, las emociones y los juicios de valor individuales y colectivos.

2.2.1. Actitudes

Desde el punto de vista del conductismo, Allport (1954) comenta que "an attitude is a mental and neural state of readiness, organized through experience, exerting a directive or dynamic influence upon the individual's response to all objects and situations with which it is related" (45). Es decir, las actitudes influyen en el individuo y no lo contrario. Agheyisi y Fishman (1970, citado en López Morales 1993: 232) definen la actitud como "una variable que interviene entre un estímulo que afecta a la persona y su respuesta a él" (138). Según López Morales (1993:232), al definir las actitudes como un estado de voluntad o disponibilidad del propio individuo, nos topamos con la enorme tarea de medir algo que a primera vista no es observable. Por lo tanto, debemos depender de lo que los individuos digan, bien a través de cuestionarios sociolingüísticos o entrevistas indirectas, o mediante la observación directa de los individuos.

López Morales (1993) separa el concepto de actitud del de creencia, y los sitúa en un nivel diferente: "las creencias dan lugar a actitudes diferentes; estas a su vez, ayudan a conformar las creencias, junto a los elementos cognoscitivos y afectivos, teniendo en cuenta que las creencias pueden estar basadas en hechos reales o pueden no estar motivadas empíricamente" (233).

Para López Morales, las actitudes pueden ser positivas, de aceptación, o negativas, de rechazo. Considera que "una actitud neutra es imposible de imaginar: se trata más bien de ausencia de actitud" (234-35). Así, por ejemplo, en su investigación de San Juan de Puerto Rico sobre la velarización de la líquida vibrante múltiple, los resultados muestran que el 66,5% de los sujetos mantenían una actitud negativa, contra el 33,4% que aceptaba esta realización. El autor estima que las actitudes y las creencias pueden influir decisivamente en los cambios lingüísticos de una comunidad de habla (234), tal como demostró Labov (1983) en sus investigaciones sobre el inglés hablado en Martha's Vineyard y en Nueva York.

2.2.2. Motivaciones

En el estudio de las actitudes lingüísticas, el concepto de motivación ha adquirido gran importancia como factor determinante en el aprendizaje de segundas lenguas. El aprendiz que se embarca en el aprendizaje de una lengua extranjera viene motivado por las actitudes que le pueda provocar una lengua en concreto. Los estudios de actitudes de Gardner y Lambert (1972) se centran principalmente en el papel que juegan las actitudes de los estudiantes en la adquisición de una segunda lengua y delimitan dos tipos principales de motivaciones: una *instrumental* y otra *integrativa*. Se entiende por *motivación instrumental* una en la que los hablantes consideran que es bueno aprender la lengua para conseguir una mejor posición socioeconómica y *por motivación integrativa* cuando los hablantes (o aprendices de L2) desean formar parte de la comunidad a la que pertenece el idioma que están aprendiendo. Gardner (1985) ha señalado que los estudiantes que presentan motivaciones instrumentales tardarán más en el aprendizaje de una segunda lengua que los estudiantes que manifiestan motivaciones integrativas.

Aunque se podría estar de acuerdo en parte con Gardner de la distinción entre estos dos tipos de actitudes, Dornyei (1994) afirma que los aprendices de segundas lenguas pueden presentar una combinación de las dos a la vez: integrativa e instrumental. Dornyei desarrolló un cuestionario para medir los componentes motivacionales que influyen en el aprendizaje de una segunda lengua. Los resultados de su investigación indicaron que la motivación integrativa tiene menor poder de decisión que la instrumental. Dornyei divide la motivación en tres componentes: el nivel de la lengua, el nivel lingüístico del estudiante y el contexto lingüístico. Según este autor, la motivación está relacionada con el nivel del estudiante por su necesidad de éxito y autoestima; la situación de aprendizaje está unida a la motivación por un curso en particular, las motivaciones del profesor y de los demás estudiantes.

Las motivaciones y las actitudes lingüísticas pueden tener un efecto importante en las lenguas habladas en una comunidad en concreto. Una actitud desfavorable puede llevar al desplazamiento de una lengua y, por consiguiente, a su abandono o muerte. En este sentido, las actitudes de los miembros de la comunidad determinarán que una lengua se mantenga, se desplace, muera o se revitalice. Así, el prestigio lingüístico viene potenciado por las actitudes individuales o de grupo. En la sección siguiente, analizaremos las causas y consecuencias del prestigio lingüístico.

2.2.3. Prestigio

Cuando hablamos de las actitudes lingüísticas, no habría que olvidar que no sólo se analizan las actitudes hacia una o varias lenguas en particular, sino también hacia sus usuarios (Giles y Sebastian 1982: 7). En el caso de las actitudes hacia la lengua, nos podemos encontrar ante la situación de que una de las lenguas sea más prestigiosa que la otra por los estereotipos y prejuicios infundados por la comunidad. Esto viene determinado por *la conciencia sociolingüística* de los individuos, es decir, el conocimiento que tiene el individuo como miembro de una comunidad que cierta lengua o variedad tiene más prestigio social, cultural y económico que otra (Moreno Fernández 1998).

Según Moreno Fernández (1998), el prestigio puede ser entendido como una conducta o una actitud que el individuo tiene y demuestra. Este autor define el prestigio como "un proceso de concesión de estima y respeto hacia individuos o grupos que reúnen ciertas características y que lleva a la imitación de las conductas y creencias de esos individuos o grupos" (189). Moreno Fernández establece cuatro tipos de dicotomías al analizar el prestigio: 1) prestigio del individuo / prestigio de la ocupación, el primero relacionado con la reputación de la persona y el segundo con el estatus socioeconómico; 2) prestigio como actitud / prestigio como conducta; 3) prestigio vertical / prestigio horizontal, el primero determinado por el poder que tienen los individuos en la escala social y el segundo el poder que tienen ciertos individuos dentro de una misma clase social; y 4) prestigio sociológico / prestigio lingüístico.

Es menester mencionar que Trudgill (1972) distingue dos tipos de actitudes *overt* y *covert* con relación al prestigio del que goza una lengua. Trudgill entiende por *overt attitude (prestigio abierto)* si los individuos tienen una buena opinión de los usos lingüísticos que se consideran "correctos". Por otro lado, *covert attitude (prestigio encubierto)* está asociado a los usos lingüísticos que, si bien no son considerados correctos desde el punto normativo de la lengua, son aceptados por la comunidad de habla como tales. En un estudio que hizo Trudgill (1972) en Noruega, dice que "muchos de los informantes que inicialmente afirmaron no hablar correctamente añadieron que por presiones sociales podrían llegar a hablar de manera estándar pero si lo hicieran serían tildados de arrogantes o presuntuosos por sus amigos o familiares" (184).

Los estudios de actitudes lingüísticas nos ofrecen los datos pertinentes para saber del estatus del que gozan las lenguas habladas en una comunidad de habla. De esta forma, se espera predecir si una lengua puede en último término llegar a ser sustituida por otra lengua. Labov (1983) señala que un cambio lingüístico puede venir propiciado por el grupo generacional de adolescentes. Otros investigadores, como Zentella (1997), afirman que los usos pueden cambiar entre la adolescencia y la vida adulta. Para ello, el análisis de las actitudes de la población joven de cualquier comunidad lingüística puede determinar el futuro de la lengua o de la variedad hablada. Estos son datos muy importantes para "el análisis del cambio lingüístico y para vislumbrar su futuro" (López Morales 1993: 113).

2.3. La medida de las actitudes

Existen varias técnicas para medir las actitudes lingüísticas. Según Ryan y Hewstone (1988), existen tres métodos básicos: 1) mediciones indirectas, 2) mediciones directas, y 3) las pruebas de pares ocultos. En el primer método, se analiza la planificación lingüística y educativa de una región. En el segundo método, las mediciones directas o (*direct measures*), se utilizan como instrumentos de recolección de datos entrevistas y cuestionarios. Ryan y Hewstone (1988) indican que el problema con este tipo de método es que el informante no da siempre una respuesta sincera. Por ejemplo, Baker (2001) usó este tipo de cuestionarios en un estudio que hizo sobre usos y actitudes de galés e inglés en Gales. En uno de los ítems en que se preguntaba a los informantes *¿En qué lengua hablas con tu padre?* se podría crear cierta ambigüedad porque la pregunta no es muy específica. Baker (2001) comenta que:

A person who says she speaks Welsh to her father (mostly away at sea), her grandparents (seen once a year), her friends (but tends to be an isolated person), reads Welsh books and newspapers (only occasionally), attends Welsh Chapel (marriage and funerals only) but spends most of her time with an English-speaking mother and in an English school might gain a fairly Welsh score". (22)

Con este tipo de cuestionario, no sólo se medirán las actitudes de los bilingües hacia las lenguas y los usuarios de ellas, sino también se podrá llegar a conclusiones referentes a la lengua dominante de los bilingües, a la más usada y a los dominios de uso.

33

El último método, y el más conocido, fue inaugurado por Lambert et al. (1960): *matched guise technique* o prueba de pares ocultos. Esta técnica se basa en hacer escuchar un pasaje grabado por varias personas. Los participantes no saben que en algunos casos las personas que han grabado textos auditivos son las mismas en varias ocasiones y que son bilingües. La meta principal de esta técnica es demostrar que las lenguas son valoradas de diferentes maneras según el grupo social que habla y, en último término, el prestigio del que goza una lengua en particular. Con este método el informante no es consciente del objetivo de la investigación, mientras que con la entrevista directa o los cuestionarios puede encubrir sus opiniones.

En el siguiente capítulo se expondrá la metodología empleada en la presente investigación. Primero, se describirán las características y la selección de los participantes. Segundo, se analizarán las variables de este estudio y se describirá el cuestionario sociolingüístico empleado para la recogida de datos. Finalmente, se explicará el análisis estadístico.

3
METODOLOGÍA

3.1. Preguntas

La pregunta inicial que se plantea en este proyecto es: *¿Cuáles son las actitudes de los jóvenes gibraltareños*[9] *hacia el español y el inglés en Gibraltar?* El estudio se centra en un sector de la población en concreto: los jóvenes universitarios. Para ello, el trabajo investiga, primeramente, las actitudes hacia el español y el uso de esta lengua y, consecuentemente, su estatus frente al inglés. Además, se analizarán las actitudes de los jóvenes hacia el bilingüismo (español-inglés). Así se responde a estos interrogantes: 1) ¿Qué contextos o situaciones favorecen el uso del español y del inglés?, 2) ¿Cómo condicionan los factores de zona de residencia, género y estudio formal del español las actitudes hacia el español y el inglés? y 3) ¿Qué actitudes reflejan los jóvenes universitarios hacia las dos lenguas?

3.2. Contexto y Participantes

Los participantes en esta indagación fueron 75 estudiantes del College of Further Education (CFE) de Gibraltar. Este es un instituto técnico de carácter vocacional donde los estudiantes pueden estudiar carreras técnicas como negocios, ingeniería civil, informática y comunicaciones. Los estudiantes que optan por cursar estudios en el CFE lo hacen porque no han conseguido la nota suficiente en los exámenes de selectividad para ir a estudiar al Reino Unido o bien porque quieren quedarse en Gibraltar por razones personales. Se pueden cursar tres años en el CFE. Una vez completado sus estudios en este periodo, los estudiantes que quieran continuar su formación académica pueden solicitar entrar en las universidades del Reino Unido. Las clases en el CFE se imparten en inglés si bien el español se usa cuando los estudiantes no entienden algunos términos técnicos. Las clases de lengua extranjera son opcionales excepto para los

---

[9] Usaremos el término *jóvenes gibraltareños* cuando nos refiramos a los estudiantes de CFE.

estudiantes de Hostelería y Turismo. El español se ofrece como lengua extranjera y los cursos de español se ofrecen en varios niveles que abarcan elemental, intermedio y avanzado.

Las variables independientes de este estudio son edad, género, zona de residencia e instrucción formal del español, entendida esta última si están matriculados en un curso de español. Considero que este sector de la población puede ser representativo de la población joven de Gibraltar en general. En primer lugar, la edad de los participantes se establece entre los 17 y los 22 años. A esta edad, los individuos empiezan a redefinir sus preferencias lingüísticas debido a que pasan la mayor parte del tiempo fuera del hogar familiar y contrastan los usos lingüísticos del hogar con los de los compañeros de clase y los profesores. En segundo lugar, sus redes sociales se irán definiendo, ya que los estudiantes tendrán que pasar un periodo de prácticas en sectores económicos de la ciudad, y por ende se enfrentarán a nuevas situaciones lingüísticas.

3.3. Instrumentos

El presente trabajo utiliza como principal herramienta de recogida de datos un cuestionario sociolingüístico. El cuestionario se basa en el utilizado por Baker (1992) en un estudio sobre las actitudes de los estudiantes entre los 8 y 12 años de edad en varias escuelas en Gales. Al mismo tiempo se han incluido algunos ítems que aparecen en un cuestionario que diseñó Silva-Corvalán en su estudio en California (1994: 232-39). El cuestionario se redactó en inglés, ya que este es el idioma oficial del Peñón.

El cuestionario se divide en seis partes. En la primera parte se recoge la información personal de cada individuo. Esta parte se compone de diez apartados: 1) edad, 2) género, 3) lugar de nacimiento, 4) lugar de nacimiento de los padres, 5) lugar de nacimiento de los abuelos paternos, 6) lugar de nacimiento de los abuelos maternos, 7) profesión del padre, 8) profesión de la madre, 9) nombre del barrio o área de domicilio en Gibraltar y 10) educación primaria y secundaria.

En la segunda parte del cuestionario, subdivida en tres secciones, se analizan los usos de lengua. En la primera sección (Figura 3) se pregunta sobre la lengua que se utilizan los participantes al hablar con miembros de su entorno. En la segunda sección (Figura 4) se trata la lengua que utilizan los miembros de la comunidad al dirigirse a ellos. La última sección abarca la lengua preferida para 1) ver televisión / videos, 2) asistir a los servicios religiosos, 3) leer periódicos, revistas y comics, 4) escuchar música y 5) escuchar radio, tal como se ve en la Figura 5. En este apartado se utilizó una escala Likert de cinco puntos: 1) siempre en español (always in Spanish), 2) en español más que en inglés (in Spanish more often than English), 3) en español e inglés (in Spanish and English equally), 4) en inglés más que en español (in English more often than Spanish) y 5) siempre en inglés (always in English).

Figura 3
SECCIÓN 1 DE LA SEGUNDA PARTE DEL CUESTIONARIO
In which language do YOU speak to the following people? Choose one of these answers:

	Always in Spanish	In Spanish more often than in English	In Spanish and English equally	In English more often than in Spanish	Always in English
1. Father					
2. Mother					
3. Siblings					
4. Friends in class					
5. Friends outside College					
6.Teachers					
7. Neighbours (near my house)					

Figura 4
SECCIÓN 2 DE LA SEGUNDA PARTE DEL CUESTIONARIO
In which language do the following people speak to you? Choose one of the answers:

	Always in Spanish	In Spanish more often than in English	In Spanish and English equally	In English more often than in Spanish	Always in English
1. Father					
2. Mother					
3. Siblings					
4. Friends in the classroom					
5. Friends outside College					
6. Teachers					
7. Neighbours (near my house)					

Figura 5
SECCIÓN 3 DE LA SEGUNDA PARTE DEL CUESTIONARIO
Which language do YOU use for the following? Choose one of these answers:

	Always in Spanish	In Spanish more often than in English	In Spanish and English equally	In English more often than in Spanish	Always in English
1. Watching T.V. / Videos					
2. Internet (chat)					
3. Newspapers/ Magazine					
4. Records/Cassettes/Cd					
5. Radio					

La tercera parte del cuestionario (Figura 6) examina las actitudes hacia el español. Este apartado se compone de 20 ítems en una escala de cuatro puntos: 1) importante (important), 2) un poco importante (a little important), 3) no muy importante (a little unimportant) y 4) nada importante (unimportant). Se pregunta a los informantes cuánta importancia tiene el español para 1) hacer amigos, 2) ganar mucho dinero, 3) leer, 4) escribir, 5) ver televisión / videos, 6) conseguir empleo, 7) hacerse más inteligente, 8) ser admirado, 9) vivir en Gibraltar, 10) ir a la iglesia, templo, 11) cantar, 12) practicar deportes, 13) criar a los hijos, 14) ir de compras, 15) hablar por teléfono, 16) aprobar los exámenes, 17) ser aceptado en la comunidad, 18) hablar con los amigos en la escuela, 19) hablar con los profesores en la escuela y 20) hablar con la gente fuera de la escuela.

Figura 6
TERCERA PARTE DEL CUESTIONARIO
How important do you think the Spanish language is for the following?
There are no right or wrong answers.

FOR PEOPLE	IMPORTANT	A LITTLE IMPORTANT	A LITTLE UNIMPORTANT	UNIMPORTANT
1.Make friends				
2. To earn plenty of money				
3. Read				
4. Write				
5.Watch T.V./Video				
6. Get a job				
7. Be more intelligent				
8. Be liked				
9. Live in Gibraltar				
10. Go to Church / Chapel				
11. Sing (e.g. with others)				
12. Play sport				
13. Bring up children				
14. Go shopping				
15. Make phone calls				
16. Pass exams				
17. Be accepted in the community				
18. Talk to friends in college				
19. Talk to teachers in college				
20. Talk to people out of college				

El apartado cuarto del cuestionario comprende 18 ítems que analizan el tipo de actitudes que tienen los estudiantes gibraltareños frente al español. Aunque en el cuestionario se les comunicaba a los estudiantes que dieran su opinión sobre el español, se insertó algunos ítems que examinaban también la opinión sobre el inglés como 2)

Prefiero ver la televisión en inglés que en español, 10) El español desaparecerá de Gibraltar, ya que todo el mundo puede hablar inglés, 14) Me gustaría que el español sustituyera al inglés en Gibraltar. Para esta parte del cuestionario se emplea otra vez una escala Likert de cinco puntos: 1) estoy totalmente de acuerdo (strongly agree), 2) estoy de acuerdo (agree), 3) no estoy de acuerdo ni en desacuerdo (neither agree nor disagree), 4) no estoy de acuerdo (disagree) y 5) estoy totalmente en descuerdo (strongly disagree).

Figura 7
CUARTA PARTE DEL CUESTIONARIO

Here are some statements about the **Spanish language**. Please say whether you agree or disagree with these statements. There are no right or wrong answers. *Please be as honest as possible*. Answer with **ONE** of the following: SA= **Strongly Agree (circle SA)**   **NAND**= Neither Agree Nor Disagree   (circle **NAND)**
      A= Agree (circle **A)**   D=**Disagree (circle D)**   SD= **Strongly Disagree (circle SD)**

1. I like hearing Spanish spoken.	SA A NAND D SD
2. I prefer to watch TV in English than in Spanish.	SA A NAND D SD
3. Spanish should be taught to all students in Gibraltar.	SA A NAND D SD
4. I like speaking Spanish.	SA A NAND D SD
5. Spanish is a difficult language to learn.	SA A NAND D SD
6. There are more useful languages to learn than Spanish.	SA A NAND D SD
7. I'm likely to use Spanish as an adult.	SA A NAND D SD
8. Spanish is a language worth learning.	SA A NAND D SD
9. Spanish has no place in the modern world.	SA A NAND D SD
10. Spanish will disappear as everyone in Gibraltar can speak English.	SA A NAND D SD
11. Spanish is essential to take part fully in Gibraltar life.	SA A NAND D SD
12. We need to preserve the Spanish Language.	SA A NAND D SD
13.Children should not be made to learn Spanish	SA A NAND D SD
14. I would like Spanish to take over the English language in Gibraltar.	SA A NAND D SD
15. Your are considered a lower class person if you speak Spanish.	SA A NAND D SD
16. I prefer to be taught in Spanish.	SA A NAND D SD
17. As an adult, I would like to marry a Spanish speaker.	SA A NAND D SD
18. If I have children, I would like them to learn Spanish.	SA A NAND D SD

La última parte del cuestionario se basa en 19 ítems que abarcan la situación de bilingüismo en Gibraltar y, por consiguiente, la opinión de los estudiantes ante la convivencia de las dos lenguas. En este apartado se revela el tipo de actitud que presentan los estudiantes desde el punto de vista integrativo e instrumental. Se ha seguido la misma escala de puntos que en el apartado cuarto.

Figura 8
QUINTA PARTE DEL CUESTIONARIO

Here are some statements about the **Spanish language**. Please say whether you agree or disagree with these statements. There are no right or wrong answers. *Please be as honest as possible.* Answer with **ONE** of the following: SA= **Strongly Ágree (circle** SA) **NAND**= Neither Agree Nor Disagree (circle **NAND**)   A= Agree (circle **A)** D=**Disagree (circle** D)   SD= **Strongly Disagree (circle** SD)

1. It is important to be able to speak English and Spanish.	SA A NAND D SD
3. To speak one language in Gibraltar is all that is needed.	SA A NAND D SD
4. Knowing Spanish and English makes people cleverer.	SA A NAND D SD
5. Speaking both Spanish and English helps to get a job.	SA A NAND D SD
6. Being able to write English and Spanish is important.	SA A NAND D SD
7. Road signs should be both in Spanish and English.	SA A NAND D SD
8. Speaking two languages is not difficult.	SA A NAND D SD
9. I feel sorry for people who cannot speak well both English and Spanish.	SA A NAND D SD
10. People know more if they speak English and Spanish.	SA A NAND D SD
11. People who speak Spanish and English can have more friends than those who speak one language.	SA A NAND D SD
12. Speaking both English and Spanish is more for older than younger people.	SA A NAND D SD
13. Speaking both Spanish and English helps people get a promotion in their job.	SA A NAND D SD
14. Both English and Spanish should be very important in Gibraltar.	SA A NAND D SD
15. People earn more money if they speak both Spanish and English.	SA A NAND D SD
16. When I become an adult, I would like to be considered as a speaker of English and Spanish.	SA A NAND D SD
17. If I have children, I would want them to speak both English and Spanish.	SA A NAND D SD
18. Both the English and Spanish languages can live together in Gibraltar.	SA A NAND D SD
19. GBC should broadcast in Spanish and English.	SA A NAND D SD

3.4. Método de análisis

Los datos del cuestionario se sometieron al programa de análisis de datos SPSS (Statistical Package for the Social Sciences) para Windows. Los tres métodos estadísticos utilizados fueron el Análisis de Factores, el One-Way Anova y el Análisis de Regresión Múltiple.

En primer lugar se llevó a cabo un análisis unidimensional de la segunda parte del cuestionario que consiste en el análisis descriptivo de las preferencias lingüísticas (inglés o español) en interacciones con la familia, los amigos, los vecinos, los profesores y para el ocio. Seguidamente se aplicó un análisis One-Way Anova, el cual busca relaciones significativas entre respuestas a las preguntas o ítems (variables dependientes) y género, edad, zona de residencia e instrucción formal del español (variables independientes). En el presente trabajo se han tenido en cuenta como valores p significativos aquellos que son menores a 0.05.

Las tres últimas partes del cuestionario se sometieron a un Análisis de Factores. Se utilizó el Análisis de Componentes Principales que explica la mayor parte de la variancia total. Así, por ejemplo, el primer componente será aquel que explica una mayor parte de la variancia total, el segundo, aquel que explica la mayor parte de la variancia restante, es decir, de la que no explicaba el primero y así sucesivamente. Para facilitar la interpretación de los datos se realiza lo que se denominan rotaciones factoriales. En esta investigación se utilizó una rotación ortogonal de tipo Varimax.

Finalmente se llevó a cabo un Análisis de Regresión Múltiple para cada uno de los componentes principales identificados en el análisis de factores. Esta técnica permite conocer qué variables independientes explican de manera significativa el resultado de una variable dependiente en particular. El análisis de regresión múltiple es una técnica que es útil cuando uno está interesado en "predecir" el nivel de una variable dependiente. Por ejemplo, el uso del español (variable dependiente) puede verse condicionado por la zona de residencia o por el género del informante, es decir, si los hombres usan más español con los vecinos que las mujeres (variables independientes).

42

Capítulo 4

PRESENTACIÓN Y DISCUSIÓN DE LOS DATOS

En este capítulo se analizarán las variables seguidas en este estudio. Se pasará a un análisis descriptivo de los usos del español, según las respuestas que los informantes dieron en la primera parte del cuestionario. Después, se presentarán los resultados del análisis factorial y la regresión múltiple de las tres últimas partes del cuestionario. Finalmente, aparece una discusión de los resultados.

4.1.- Variables del estudio

Fundamentalmente se han utilizado las siguientes variables sociales: género, edad, instrucción formal del español (o matriculados de español) y zona de residencia en Gibraltar. De los 75 participantes, 61 eran hombres y 14 mujeres. Las edades de los alumnos estaban comprendidas entre los 16 y los 22 años. Se localizaron seis grupos de edades, de los cuales los de 17 y 18 años eran los más numerosos. Estos dos grupos constituyen el 70% de la población investigada. De los 75 informantes, 40 (53%) estaban matriculados de español y 35 (46,7%) no estaban matriculados de español. De los 40 matriculados, 31 eran hombres y 9 eran mujeres; de los 35 no matriculados, 30 eran hombres y 5 mujeres.

En la Figura 9 se delimitan los barrios de residencia correspondientes a cada zona. Se les pidió a los participantes que indicaran la ubicación del hogar familiar en Gibraltar. Se contabilizaron 31 aéreas de domicilio, las cuales reflejan los nombres de las calles, barriadas y avenidas donde residían los informantes. De esta manera, los resultados estadísticos nos permiten averiguar de la existencia de niveles de significación entre espacios geográficos y usos / actitudes lingüísticas. Como se puede observar, la zona 4 constituye el 39,7 % de los informantes. De los 75 informantes, 29 residen en la zona 4, mayoritariamente hispanoparlante.

Figura 9
ZONA DE RESIDENCIA

ZONAS	AGRUPACIONES	Porcentaje
Zona 1	Glacis State, Laguna State	9,6%
Zona 2	Alameda Estate, Humphieres, Knight"s Court, South Barrack Road	8,2%
Zona 3	South District, Buena Vista Road, Vineyards	8,2%
Zona 4	Montague Gardens, Harbour Views, Gib 5, Montague Crescent, West View Park, Sir William Jackson Grove, Westside 1	39,7%
Zona 5	El Monte	2.,%
Zona 6	Main Street, Cornwalls	6,8%
Zona 7	Portland House	1,4%
Zona 8	Prince"s Edward Road, Flat Bastion Road	2,7%
Zona 9	El Castillo	8,2%
Zona 10	Hospital Hill, Castle Street	1,4%
Zona 11	Northview Terrace	1,4%

El 9.6% no respondió a la pregunta

4.2. Análisis descriptivo de los usos de español e inglés

La Figura 10[10] muestra los resultados de la *lengua que los informantes prefieren al dirigirse a los miembros de la comunidad de habla*. Un 37,3% indicó el español al dirigirse al padre. Un 34,7% prefiere el español con la madre, 30,7% con los hermanos, 26,7% con los amigos en la escuela, 33,3% con los amigos fuera de clase, un 4% prefiere el español con los profesores y un 37,3% con los vecinos. Como se puede observar, el español es la lengua preferida entre la familia, los amigos y los vecinos. Sin embargo, los informantes utilizan muy escasamente el español para dirigirse a los profesores.

Figura 10
LENGUA QUE HABLAS CON LAS SIGUIENTES PERSONAS

	S.E.	E.M.I.	I.Y.E	I.M.E	S.I	N.R.
tu padre	37.3%	21.3%	13.3%	10.8%	17.3%	0.0%
tu madre	34.7%	24.0%	14.7%	8.0%	14.7%	3.9%
tus hermanos	30.7%	24.0%	21.3%	0%	16.%	6.0%
tus amigos en clase	26.7%	34.7%	17.3%	13.3%	6.7%	1.3%
tus amigos fuera de clase	33.3%	36.0%	12.0%	13.3%	5.4%	0.0%
tus profesores	4%	9.3%	22.7%	41.3%	22.7%	0.0%
tus vecinos	37.3%	25.3%	14.7%	10.7%	12.0%	0.0%

---

[10] S.E. (siempre en español), E.M.I. (en español más que en inglés), I.Y.E. (en inglés y español), I.M.E. (en inglés más que en español), S.I. (siempre en inglés). N.R. (no respondieron).

44

La Figura 11[11] *exponen las preferencias lingüísticas de miembros de la comunidad cuando se dirigen a los informantes.* Los informantes indican que el padre usa el español un 40% y el inglés un 18,7%; un 34,7% español y 16% inglés con la madre; 34,7% en español y 14,7% en inglés con los hermanos; 22,7% en español y 2,6% en inglés con los amigos dentro del salón de clase; 30,7% en español y 4% en inglés con los amigos fuera de la clase; 4,1% en español y 30,7% en inglés con los profesores, y un 37,3% en español y 5,4% en inglés con los vecinos. Se observa nuevamente los mismos patrones que cuando los informantes se dirigen a los miembros de la comunidad de habla. El español es la lengua de preferencia con familiares, vecinos y amigos, tanto fuera como dentro de la escuela. Por otro lado, el inglés es la lengua de mayor uso con los profesores.

Figura 11
LENGUA QUE USAN LAS SIGUIENTES PERSONAS CONTIGO

	S.E.	E.M.I.	I.Y.E.	I.M.E.	S.I	N.R.
tu padre	40.0%	17.3%	14.7%	9.3%	18.7%	0%
tu madre	34.7%	21.3%	18.7%	8.7%	16.%	0.6%
tus hermanos	34.7%	20.0%	14.7%	12.0%	14.7%	3.9%
tus amigos en clase	22.7%	34.7%	25.3%	14.7%	2.6%	0%
tus amigos fuera de clase	30.7%	37.3%	17.3%	10.7%	4.0%	0%
tus profesores	4.1%	1.2%	10.7%	53.3%	30.7%	0%
tus vecinos	37.3%	22.7%	17.3%	17.3%	5.4%	0%

La Figura 12 representa los resultados de la última sección de los usos de ambas lenguas. Se les preguntó a los informantes sobre *la lengua preferida para ciertas actividades sociales y lúdicas.* El 21,3% de los informantes prefieren el inglés para ver la televisión o ver videos. El 57,3% muestra una preferencia para el inglés en los servicios religiosos. Un 17% de los informantes no contestaron la pregunta. El 45,3% de los informantes prefiere leer revistas, tebeos o lecturas juveniles en inglés. Un 26,7%

---

[11] **S.E.** (siempre en español), **E.M.I.** (en español más que en inglés), **I.Y.E.** (en inglés y español), **I.M.E.** (en inglés más que en español), **S.I.** (siempre en inglés). **N.R** (no respondieron).

prefiere escuchar música y discos compactos en inglés. Finalmente, un 12% prefiere escuchar la radio en inglés.

Figura 12

LENGUA QUE PREFIERES /USAS PARA LAS SIGUIENTES ACTVIDADES

	S.E.	E.M.I.	I.Y.E	I.M.E	S.I	N.R
Ver Tele / Videos	4.9%	2.3%	29.3%	38.7%	21.3%	3.5%
Servicios religiosos	3%	0%	6.7%	16.0%	57.3%	17%
Leer revistas, tebeos, etc	1.3%	8.0%	18.7%	26.7%	45.3%	0%
Escuchar música	1.2%	1.4%	32.0%	38.7%	26.7%	97.4
Escuchar la radio	8.0%	17.3%	36.0%	25.3%	12.0%	1.4%

La conclusión que se puede desprender de los resultados sobre los usos del español y el inglés es un alto porcentaje de uso del español en las interacciones informales entre familia, amigos y vecinos. En la escuela, el inglés es la lengua preferida para mantener la conversación entre los alumnos y el profesorado pero parece que se usa el español más entre amigos. En cuanto a las actividades sociales y lúdicas el inglés emerge como la lengua preferida.

4.3. Variables significativas

4.3.1. Análisis de variación

Después del análisis descriptivo, se llevó a cabo un análisis One-Way ANOVA para poder identificar relaciones significativas de los usos del español y el inglés con las variables independientes de género, edad, matriculados de español y zona de residencia. En las siguientes tablas se identifican los ítems que reflejaron valores estadísticamente significativos al relacionarse con las variables independientes.

Como se ve en la Figura 13, se encontró un nivel de significación importante entre lengua para los servicios religiosos y la variable instrucción formal del español. En el análisis descriptivo de frecuencias el 73,3% de los informantes señalaron usar el inglés frente a un 2,6% el español. Un 17% no respondió a la pregunta. Este último porcentaje puede deberse a que parte de los informantes profesan otra religión como la hebrea o la musulmana, en la que los oficios religiosos son conducidos en sus respectivas lenguas y, por consiguiente, el inglés y el español no tienen cabida.

Figura 13
DIFERENCIAS SIGNIFICATIVAS: USOS Y MATRICULADOS DE ESPAÑOL

		Sum of Squares	Df	Mean Square	F	Sig.
Lengua que usas en la iglesia, el templo, etc	Between Groups	14.881	1	14.881	4.280	**0.42**

En la Figura 14 se presenta los niveles de significación al analizar los usos de ambas lenguas y la edad. En el One-Way Anova, 10 ítems resultaron ser significativos respecto a la variable independiente edad. Como se puede apreciar en la tabla de frecuencias de estos ítems, y de acuerdo al análisis de las frecuencias, el uso del español disminuye de manera significativa conforme la edad del alumno va aumentando. Las más altas frecuencias de uso de inglés se dan en los informantes entre los 18 y los 19 años.

Figura 14
DIFERENCIAS SIGNIFICATIVAS: USOS Y EDAD

		Sum of Squares	Df	Mean Square	F	Sig.
Lengua que usa tu padre contigo	Between Groups	33.262	5	6.652	3.199	**.012**
Lengua que usa tu madre contigo	Between Groups	28.379	5	5.676	2.826	**.022**
Lengua que usan tus hermanos contigo	Between Groups	25.009	5	5.002	2.348	**.050**
Lengua que usan tus amigos contigo en clase	Between Groups	13.452	5	2.690	2.559	**.035**
Lengua que prefieres al escuchar la radio	Between Groups	17.481	5	3.496	2.926	**.019**
Lengua que hablas con tu padre	Between Groups	29.273	5	5.855	2.896	**.020**
Lengua que hablas con tus hermanos	Between Groups	22.763	5	5.553	2.349	**.050**
Lenguas que hablas con tus amigos en clase	Between Groups	16.699	5	3.340	2.393	**.046**
Lengua que hablas con tus profesores	Between Groups	14.492	5	2.989	2.965	**.018**
Lengua que hablas con tus vecinos	Between Groups	25.291	5	5.058	2.965	**.018**

En la Figura 15 se encuentran los resultados del One-Way Anova de los usos y el género en los que se hallaron niveles significativos con 5 ítems. Teniendo en cuenta el análisis descriptivo, las madres usan siempre el español un 35% y siempre el inglés un 7,1% con sus hijas, y un 34,4% y 19,7% con sus hijos respectivamente. Los mismos esquemas se manifiestan en la lengua que los informantes usan al dirigirse a la madre. En lo referente a las relaciones con los amigos en clase, las mujeres usan el español un 42,9% y los hombres un 18%. En cuanto a los puntos 4 y 5 de la escala Likert (en inglés más que español y siempre en inglés) los hombres representan el 21% y las mujeres el 0%. Con respecto a la pregunta "Lengua que tus vecinos usan contigo", se observa que el español emerge como la lengua de mayor uso. Por ejemplo, las mujeres siempre usan el español un 71% y los hombres 29%. Cuando se les preguntó sí usaban el inglés más que el español, las mujeres respondieron con un 7,1% y los hombres un 19,6%. Finalmente, los hombres se dirigían a los vecinos siempre en español un 31,1% y las mujeres un 64,3%, y en inglés un 14,8% los hombres y 0% las mujeres. A la luz de los resultados, se puede afirmar que son las mujeres las que usan más el español en las interacciones con la familia, amigos y los vecinos, frente a los hombres, que parecen interactuar tanto en inglés como en español.

Figura 15
DIFERENCIAS SIGNIFICATIVAS: USOS Y GÉNERO

		Sum of Squares	Df	Mean Square	F	Sig.
Lengua que usa tu madre contigo	Between Groups	10.345	1	10.345	4.821	.031
Lengua que usan tus amigos contigo en clase	Between Groups	6.495	1	6.495	5.964	.017
Lengua que usan tus vecinos contigo	Between Groups	13.272	1	13.272	8.915	.004
Lengua que hablas con tu madre	Between Groups	9.646	1	9.646	4.552	.036
Lengua que hablas con tus vecinos	Between Groups	16.854	1	16.854	9.755	.003

En la Figura 16 se representan los niveles de significación entre los usos y las zonas de residencia. Siguiendo el análisis descriptivo, se ha podido encontrar una relación significativa entre el ítem "la lengua que usa tu madre contigo" y los informantes que residen en la zona 4, indicando que la madre usa más español que inglés con ellos.

48

Figura 16
DIFERENCIAS SIGNIFICATIVAS: USOS Y ZONA DE RESIDENCIA

		Sum of Squares	Df	Mean Square	F	Sig.
Lengua que usa tu madre contigo	Between Groups	46.559	1	4.233	2.160	**.029**

4.3.2. Análisis de factores y regresión múltiple

Las tres últimas partes del cuestionario se sometieron a un análisis de factores. En un principio el análisis de factores reduce todos los datos obtenidos del cuestionario (las tres últimas partes) a un número más limitado de componentes principales, bajo los cuales se agrupan preguntas que siguen pautas semejantes en las respuestas ofrecidas. Las agrupaciones se dieron después de que el programa sometiera los datos a siete iteraciones. Los ítems se agruparon bajo cinco componentes que explicaban el 45,0% de la variancia cumulativa (Figura 17).

Figura 17
COMPONENTES EXTRAÍDOS: ROTACIÓN VARIMAX DE SIETE ITERACIONES

COMPONENTES	EIGENVALUE	VARIANCIA CUMULATIVA
1	9.63	17.5
2	5.43	27.3
3	4.46	35.5
4	2.7	40.4
5	2.5	45.0

El primer componente, que se presenta en la Figura 18, resultó en la agrupación de 15 preguntas. Estas preguntas parecen estar agrupadas bajo el rubro de *importancia del español en la vida social y en la comunidad*. Este primer componente nos revela la importancia que tiene el español en la sociedad gibraltareña. Se confirma una combinación de actitudes instrumentales e integrativas.

Figura 18
COMPONENTE I:
IMPORTANCIA DEL ESPAÑOL EN LA VIDA SOCIAL Y LA COMUNIDAD

Ítems	Loading	Ítems	Loading
Ser aceptado en la comunidad	.78	Ir de compras	.64
Hablar con los amigos en la escuela	.77	Aprobar exámenes	.59
Hablar con los profesores	.76	Cantar	.51
Ser apreciado	.70	Ir a servicios religiosos	.49
Ser inteligente	.69	Vivir en Gibraltar	.45
Practicar deportes	.68	Ver tele/video	.45
Hacer llamadas telefónicas	.65	Hacer amigos	.42
Hablar con los amigos fuera de la escuela	.64		

Seguidamente se pasó al análisis de Regresión Múltiple (Figura 19) de este componente con las cuatro variables independientes: género, edad, matriculados de español y zona de residencia. El resultado estadístico no reveló ninguna relación significativa entre las variables independientes.

Figura 19
REGRESIÓN MÚLTIPLE DEL COMPONENTE 1

	B	Std. Error	Beta	T	Sig.
Constant	.519	2.098		.247	.805
Zona de residencia	6.588E-02	.049	.171	1.352	.805
Género	-.146	.317	-.058	-.461	.646
Matriculados de español	-.138	.258	-.068	-.533	.596
Edad	-2.078E-02	.123	-.022	-.168	.867

a. Dependent Variable: REGR factor score 1 for analysis 1.

En el componente dos aparecen agrupadas 15 preguntas (Figura 20). Este componente refleja *la importancia de las dos lenguas en Gibraltar*.

Figura 20:

COMPONENTE 2: IMPORTANCIA DE LAS DOS LENGUAS EN GIBRALTAR

Ítems	Loading
Me gusta escuchar el español.	.71
El español es una lengua que vale la pena aprender.	.70
Necesitamos preservar el español.	.68
Si tengo hijos, me gustaría que aprendieran español.	.63
El inglés y el español deberían ser muy importantes en Gibraltar.	.59
Prefiero que las clases se den español.	.59
Me gustaría que el español reemplazara al inglés.	.58
Cuando sea mayor, me gustaría que me consideren bilingüe.	.58
El español es esencial para formar parte de la sociedad de Gibraltar.	.57
Se debería enseñar español en todas las escuelas en Gibraltar.	.51
Si tengo hijos, me gustaría que pudieran hablar ambas lenguas.	.50
Criar a los hijos.	.50
Ambas lenguas pueden convivir en Gibraltar.	.49
Probablemente use el español como adulto.	.46
Me gustaría casarme con un/a hispanoparlante.	.45

Los resultados de Regresión Múltiple (Figura 21) no reflejaron relaciones significativas entre las variables zona de residencia (0,46), género (0,57), edad (0,55) e instrucción formal del español (0,44).

Figura 21:

REGRESIÓN MÚLTIPLE DEL COMPONENTE 2

	B	Std. Error	Beta	T	Sig.
(Constant)	-1.040	-.496	622	-1.040	-.496
Zona de residencia	3.603E-2	.049	-.094	-.739	.462
Género	.178	.317	.071	.560	.577
Matriculados de español	-.199	.258	-.099	-.771	.443
Edad	7.287E-02	.123	.078	.591	.557

b. Dependent Variable: REGR factor score 2 for analysis 1.

El componente tres (Figura 22) agrupó nueve ítems que evidencian la falta de importancia del español. Estos ítems le proponen al encuestado que el inglés es valorado como el idioma más importante frente al español, el cual se califica como idioma cuyo futuro en Gibraltar es bastante pesimista.

Figura 22
COMPONENTE 3: FALTA DE IMPORTANCIA DEL ESPAÑOL

Ítems	Loadings
Los niños no deberían ser obligados a aprender español.	.70
El español no tiene importancia hoy en día.	.69
Eres considerado de clase baja si hablas español.	.67
Hablar inglés y español es más común entre la gente mayor que los jóvenes.	.62
El español desaparecerá de Gibraltar ya que todo el mundo puede hablar inglés.	.63
El español es una lengua difícil de aprender.	.40
Tan sólo es necesario hablar un idioma en Gibraltar.	.36
Prefiero ver la tele en inglés.	.32

Como se ve reflejado en la Figura 23, el análisis de Regresión Múltiple del componente 3 reveló diferencias significativas respecto a la variable género (p=0,001).

Figura 23:
REGRESIÓN MÚLTIPLE DEL COMPONENTE 3

	B	Std. Error	Beta	T	Sig.
(Constant)	.398	1.972	.202	.841	.398
Zona de residencia	-1.368E-02	.046	-.035	-.299	.766
Género	1.011	.298	.401	3.390	**.001**
Matriculados de español	9.807E-02	.243	.049	.404	.688
Edad	-9.674E-02	.116	-.103	.407	.567

c. Dependent Variable: REGR factor score 3 for analysis 1.

El siguiente componente (Figura 24) refleja el valor que asignan los jóvenes a la situación de bilingüismo en Gibraltar. Desde el punto de vista binario de actitudes instrumentales versus integrativas, se valoran de igual forma los ítems de orientación instrumental (*la importancia del español para conseguir trabajo*) y de orientación integrativa *(tener amigos, ser más inteligente)*.

Figura 24:
COMPONENTE 4: IMPORTANCIA DEL BILINGÜISMO EN GIBRALTAR

Ítems	Loading
La gente sabe más si habla inglés y español.	.63
Poder hablar ambas lenguas ayuda a conseguir promoción en el trabajo.	.60
Siento lástima por la gente que no puede hablar bien las dos lenguas.	.59
La gente es más inteligente si puede hablar ambas lenguas.	.56
La gente que puede hablar ambas lenguas tiene más amigos que la gente que habla una sola lengua.	.53
Poder hablar ambas lenguas ayuda a conseguir empleo.	.51
La gente gana más dinero si habla ambas lenguas.	.50
Es importante poder escribir en inglés y español.	.49

En el análisis de Regresión Múltiple no se reveló ninguna diferencia significativa respecto a las variables independientes para el componente 4, como se refleja en la Figura 25.

Figura 25:
REGRESIÓN MÚLTIPLE DEL COMPONENTE 4

	B	Std. Error	Beta	T	Sig.
(Constant)	2.742	2.012		1.363	.178
Zona de residencia	8.893E-02	.047	.230	1.902	.062
Género	.183	.304	.073	.602	.549
Matriculados de español	-.389	.248	-.162	-.1771	.121
Edad	-.152	.118	-.162	-1.283	.204

d. Dependent Variable: REGR factor score 4 for analysis.

La Figura 26 agrupa cuatro ítems que evidencian el *valor instrumental* de las lenguas para los informantes y que constituyen el componente 5. En el análisis de Regresión Múltiple para este componente (Figura 27) se encontró un nivel de significación importante con edad p=0,02. En cuanto a las demás variables como género, español y zona de residencia no se descubrieron influencias significativas.

Figura 26
COMPONENTE 5: VALOR INSTRUMENTAL DE LAS LENGUAS

Ítems	Loading
Ganar dinero	.56
Conseguir trabajo	.50
Leer	.35
Escribir	.31

Figura 27
REGRESIÓN MÚLTIPLE DEL COMPONENTE 5

	B	Std. Error	Beta	T	Sig.
(Constant)	-4.475	2.022		-2.213	.030
Zona de residencia	6.721E-03	.047	.017	.143	.887
Género	.191	.306	.076	.625	.534
Matriculados de español	-.451	.249	-.222	-1.814	.074
Edad	.277	.119	.295	2.331	.023

e. Dependent Variable: REGR factor score 5 for analysis 1.

4.4. Discusión de los resultados

En la siguiente sección se analizarán los resultados de este estudio teniendo como marco de referencia las preguntas presentadas al principio: 1) ¿Qué contextos o situaciones favorecen el uso del español y del inglés?, 2) ¿Cómo condicionan los factores de zona de residencia, género y estudio formal del español las actitudes hacia el español y el inglés? y 3) ¿Qué actitudes reflejan los jóvenes universitarios hacia las dos lenguas?

Primera pregunta: usos del español y del inglés

De acuerdo al análisis de usos lingüísticos, se pone de relieve que el español parece ser la lengua que se usa más entre la familia, los amigos y los vecinos. Por otro lado, el inglés es la lengua preferida, por ejemplo, para dirigirse a los profesores y para las actividades de ocio. Al analizar las interacciones con los vecinos, volvemos a percibir que las mujeres usan el español un 92,8% con los vecinos frente al 52% de los hombres. Los mismos patrones encontramos en los restantes ítems. Se puede afirmar que

54

el español es la lengua de mayor uso entre las jóvenes universitarias de Gibraltar. Por lo que respecta a los hombres usan más el inglés que las mujeres. Modrey (1998: 76) llega a conclusiones parecidas a las presentes. Ella observa que el español es la lengua que más se usa con los padres, los hermanos, los amigos y los compañeros en el aula. Añade que el inglés es la lengua más usada con los profesores en la escuela. Modrey comenta que los jóvenes son los que más usan el inglés en la comunidad gibraltareña (70%) por la influencia que ejercen los padres al inculcarles que la competencia en el inglés les ofrecerá mayores ventajas económicas que el español.

Figura 28
LENGUA MÁS HABLADA POR LOS JOVENES GIBRALTAREÑOS

	inglés	más inglés que español	inglés y español	más español que inglés	español
Hombres	0%	46%	21%	33%	0%
Mujeres	8%	42%	21%	29%	0%

Modrey (1998: 67)

Con relación al género, los resultados de Modrey, como se puede observar en la Figura 25, son diferentes a las del presente trabajo, que ha atestiguado que las mujeres usan más el español que los hombres. Los resultados de Modrey constatan que ni los hombres ni las mujeres usan siempre el español (0%). Por otro lado, la investigadora señala que las mujeres (8%) usan siempre el inglés.

Se puede afirmar que los jóvenes gibraltareños reflejan una actitud positiva hacia los modos de vida británicos, especialmente en lo que se refiere a las actividades de ocio. Parece ser que el inglés es la lengua preferida para leer, ver la televisión o escuchar música. El español parece ser la lengua preferida en la conversación.

Segunda pregunta: género, zona y edad

La variable independiente de género parece tener una relación importante con el componente tres. En un principio sería arriesgado generalizar estos resultados a toda la población joven, ya que como se comentó anteriormente, el número de hombres sobrepasa al de mujeres. Si tenemos en cuenta la relación de este componente con cada género por separado, se ve que las mujeres valoran más positivamente el aprendizaje del español que los hombres. El 59% de los hombres y el 9,59% de las mujeres consideraron que era importante que los niños fueran obligados a aprender español. El 77,1% de los hombres y el 78,6% de las mujeres juzgaron que el español tiene importancia hoy en día. Con respecto al ítem, *Eres considerado de clase inferior si hablas español* el 78,7% de los hombres y el 100% de las mujeres estimaron que hablar el español no tiene correlación alguna con clase social baja.

Los informantes opinaron que era necesario hablar los dos idiomas en la comunidad gibraltareña (mujeres, 64,2%; hombres, 49,2%). Los hombres (80,3%) y las mujeres (71,4%) no estaban de acuerdo de que hablar los dos idiomas era particular de las personas de edad avanzada. En cuarto lugar, el 100% de las mujeres y el 93,4% de los hombres declararon que el español no desaparecerla de Gibraltar, pese a que, según ellos, todos los gibraltareños pueden hablar inglés. Tanto los hombres como las mujeres consideran muy importante el español en la vida gibraltareña.

Los resultados señalan que el español es valorado muy positivamente entre los jóvenes gibraltareños. En las interacciones entre gibraltareños, el español no es una lengua asociada a las personas mayores y ni a la clase social baja. El estado de vitalidad de la lengua española es positivo y no se entreve indicio alguno de que el español vaya a ser desplazado por el inglés.

En cuanto a la variable zona de residencia, la zona 4 aparece relacionada con el componente cuatro, el cual revelaba la importancia de las dos lenguas en la sociedad gibraltareña. La zona 4 se encuentra habitada mayoritariamente por población hispanoparlante. Las otras zonas de residencia posiblemente se encuentran habitadas por ciudadanos británicos procedentes del Reino Unido, ciudadanos marroquíes que emigraron a Gibraltar por razones laborales y por ciudadanos gibraltareños de origen judío o ciudadanos británicos de origen hindú.

Finalmente, la variable edad apareció enlazada con el componente cinco. Los ítems del componente cinco mostraron que los jóvenes consideraron importantes las dos lenguas para ganar dinero, conseguir trabajo, leer y escribir. Los informantes que concedieron mayor importancia a estos cuatro ítems se encuentran incluidos en los grupos de 18 y 19 años de edad. Estos grupos de edad comprenden aquellos estudiantes que ya han realizado sus prácticas en varios sectores económicos de la ciudad y se encuentran en el último año de sus estudios en el CFE. Las prácticas laborales les dan la oportunidad de percatarse de la importancia y las ventajas laborales que les ofrece la competencia en español.

Tercera pregunta: actitudes hacia el español

De acuerdo a la división que establecen Gardner y Lambert (1972) de motivaciones instrumentales e integrativas, los informantes reflejan una combinación de ambas. La importancia del español para conseguir un puesto de trabajo e ir de compras, por ejemplo, se relaciona con motivaciones de carácter instrumental. Por otro lado, las motivaciones integrativas vienen reflejadas por la importancia que se le da al español para criar a los hijos, hacer amigos, ser considerado inteligente y vivir en Gibraltar, por ejemplo. Con relación a las actitudes hacia las dos lenguas, se ha encontrado una valoración bastante positiva. Los jóvenes gibraltareños estiman que no es necesario casarse con una persona hispanoparlante para ser considerado bilingüe y que el bilingüismo no es característico solo de las personas mayores sino también de la población joven. Declaran en general que les gustaría que sus hijos aprendieran español.

4.5. Limitaciones

A continuación se expone las limitaciones de esta investigación y, por ende, se presentan sugerencias para posteriores estudios sobre actitudes y usos lingüísticos de los jóvenes en Gibraltar.

En un segundo estudio se debería seleccionar con más esmero el número de informantes. Es decir, la población seleccionada tendría que consistir de un número equivalente de mujeres y hombres para así poder generalizar los datos de manera fiable.

Además, es importante señalar que el análisis de factores explicaba tan sólo un 45% de la variancia de los datos. Esto se atribuye tal vez a que varios de los ítems del cuestionario pudieron ser interpretados de forma diferente por parte de los informantes creando así irregularidades en los datos.

En este trabajo se tomó en cuenta tan sólo las interacciones en el hogar familiar, con los amigos, los vecinos, y en la escuela. Como Weinreich (1974) ya había señalado, se debería indagar sobre el uso de ambas lenguas en otros contextos como las discotecas, los bares, los supermercados, las tiendas, los parques, los clubes, los centros de encuentros, los patios y los pasillos en la escuela, y los restaurantes. Al mismo tiempo, se debería llevar a cabo observaciones directas para comprobar los resultados de este estudio, ya que así los resultados ganarían fiabilidad. Las medidas de la implicación consisten en comparar los resultados de los cuestionarios con los de las observaciones directas, tal como afirma Fishman (citado en Moreno Fernández 1998: 189).

En tercer lugar, la variable de zona de residencia se reveló como indicador importante en los usos del español y el inglés. Sin embargo, la carencia de información respecto a las diferentes zonas de residencia ha hecho imposible establecer conclusiones con rigor, por lo que en futuras investigaciones la variable de zona de residencia debería ser tenida muy presente, ya que, como ha demostrado Milroy (1992) en su estudio de redes sociales en Belfast, las redes sociales de los informantes dentro y fuera de cada zona podrían llevar a conclusiones más concretas.

Finalmente, habría que abarcar factores socioeconómicos y étnicos en futuros estudios. Las relaciones económicas con las aéreas colindantes de Algeciras han venido a cambiar el perfil lingüístico de Gibraltar. Al mismo tiempo, parte de la población gibraltareña ha establecido su lugar de residencia en la Línea de la Concepción, ya que es más barato comprar un inmueble en España. Además, los hijos de los inmigrantes marroquíes se han integrado en la comunidad gibraltareña, lo que les lleva a aprender el inglés además del español y las lenguas maternas, el amazight y el árabe marroquí. De esta forma se podría establecer las posibles relaciones significativas entre usos y

58

actitudes lingüísticos con los diferentes sectores socioeconómicos de la ciudad, así como con los diferentes grupos (hebreos, marroquíes, españoles y británicos).

5
CONCLUSIONES

5.1. Conclusiones generales

La motivación principal de esta investigación fue saber de las actitudes de los jóvenes gibraltareños hacia las dos lenguas mayoritarias de Gibraltar: el inglés y el español. Los resultados de esta investigación con relación a los usos del inglés y del español han confirmado que el español se usa más en las interacciones informales con la familia, los vecinos y los amigos, aunque el inglés, en menor medida, se da en las interacciones informales también. Por otro lado, el inglés se usa en el contexto escolar, principalmente cuando los estudiantes se dirigen a los profesores. Sin embargo, como se comprobó en el análisis de los datos, el español también se usa dentro de la escuela aunque solamente entre los compañeros de clase. Como señalaba Britto (1993), esto está íntimamente relacionado con las actitudes de los profesores que sancionan el uso del español en el aula. Además, los profesores consideran que los padres deberían hablar más inglés con sus hijos en el hogar familiar. Los presentes resultados vienen a corroborar los resultados de Lipski (1986) que indican que el inglés se usa también en las interacciones informales o íntimas. Ballantine (1983) llega a los mismos resultados, comentando que en la comunicación interpersonal, el 24,5 % preferían el inglés, y el 75% el español. Finalmente, los resultados de este trabajo no coinciden con las conclusiones de Modrey (1998) sobre el uso de ambas lenguas entre la población joven gibraltareña afirmando que el inglés es la lengua de mayor uso. Las conclusiones de Modrey tan sólo vienen a atestiguar que el inglés es la lengua de mayor uso en las aulas y en las interacciones laborales.

Los jóvenes gibraltareños indican una actitud bastante positiva hacia el inglés y el español. Frente a la dicotomía que presenta Gardner y Lambert (1972) de actitudes instrumentales e integrativas, los resultados de esta investigación demuestran que los informantes pueden presentar ambos tipos de motivaciones dentro de un mismo

60

componente de análisis de factores, como Dornyei (1994) ya había señalado. Así, los informantes de esta investigación estimaron que el español era importante para promocionarse en la escala socioeconómica y para conseguir un buen trabajo en el futuro.

En cuanto a sus actitudes integrativas, los informantes concedieron gran importancia al español para criar a los hijos, para vivir en Gibraltar, para casarse con un/a hispanoparlante y para la educación formal de los hijos. Por otro lado, consideraron que no era importante el español para las actividades lúdicas como cantar, jugar a los deportes, ver la televisión o escuchar música. Es menester mencionar que los estudiantes juzgaron que el español era fundamental para leer, escribir y aprobar los exámenes, aunque el inglés sea la lengua oficial de la escuela.

Teniendo en cuenta las consideraciones expuestas por Pedraza, Attinasi y Hoffman (1980), que consideran que no es acertado inscribir cada lengua a un diferente dominio o área de uso, este estudio ha puesto en tela de juicio el constructo de dominios de uso que postula Fishman (1967). Se ha podido comprobar que el inglés también se da en las interacciones informales como la familia y los amigos y que el español también emerge en los contextos formales.

Se puede confirmar a la luz de los resultados que los jóvenes gibraltareños valoran positivamente la situación bilingüe en Gibraltar. No obstante, la mayoría de los participantes no estaban de acuerdo con que el español reemplazara el inglés. Seguramente, esta pregunta ha sido juzgada en términos de política. Es decir, si el español adquiere estatus oficial, esto pondría en cuestión la soberanía del Reino Unido sobre Gibraltar.

A partir de los datos de esta investigación, es evidente que los jóvenes gibraltareños se consideran bilingües en las dos lenguas. Como mencionamos anteriormente, el estudio de las actitudes lingüísticas de la población joven de cualquier comunidad de habla bilingüe es de gran importancia para saber del nivel de vitalidad del que gozan las lenguas. De los presentes resultados se puede desprender que el español

61

no es una lengua que vaya a desaparecer de Gibraltar. Se podrían establecer varias hipótesis como el aumento de las relaciones socioeconómicas entre Gibraltar y las áreas colindantes de la Línea. No sólo esto, sino que parte de los gibraltareños han establecido su lugar de residencia en España, ya que es mucho más rentable alquilar un inmueble en La Línea que en Gibraltar. Al mismo tiempo, los gibraltareños viajan continuamente a Algeciras y Málaga por vacaciones. Los trabajadores procedentes de Algeciras también han cambiado el perfil lingüístico del Peñón, ya que se hace necesario utilizar el español porque muchos de ellos no dominan el inglés. Lo mismo sucede con la comunidad marroquí asentada en Gibraltar que tiene más dominio del español que del inglés. Finalmente, el mantenimiento del español es influenciado también por las escuelas de verano para jóvenes de Algeciras que vienen al Peñón a aprender inglés, lo que los obliga a interactuar y relacionarse con la población joven de Gibraltar en español.

En cuanto a la política lingüística de Gibraltar, la actual reclamación española de Gibraltar como parte del territorio español ha hecho que el español no haya tenido estatus de lengua oficial. Los gibraltareños reconocen como lengua oficial el inglés, ya que ayuda a mantener sus lazos con el Reino Unido y con los modos de vida británicos, aunque también consideran el español como segunda lengua. Sin embargo, como se ha demostrado en este trabajo, la política lingüística de Gibraltar no refleja la realidad de los jóvenes gibraltareños. Pese a que el inglés sea la lengua oficial, el español se mantiene como la lengua mayoritaria, sobre todo en las interacciones informales. Aun más, he podido comprobar en mis visitas al Peñón que el español también se usa en los contextos formales como la escuela, los organismos gubernamentales y los negocios. Esto sería una cuestión imperiosa de ser investigada en el futuro.

5.2. Implicaciones pedagógicas

La política educativa del Gobierno de Gibraltar en términos de educación bilingüe no parece ser la más idónea. Ballantine (1983) cuestionó la situación del español y el inglés en las escuelas de Gibraltar. Ballantine propuso que el Departamento de

Educación de Gibraltar debiera apoyar una educación bilingüe en la que el español tuviera cabida. Sugirió que el español debiera ser utilizado en los primeros años de la escuela para facilitar el aprendizaje del español. La lengua española sería utilizada como lengua auxiliar para aquellos estudiantes que tienen como lengua patrimonial el español. Su propuesta fue fallida debido al clima político del momento, el cierre de la frontera. La antipatía hacia el gobierno español también se vio generalizada hacia la lengua española. En la investigación que hizo Britto (1993) sobre las actitudes lingüísticas de los estudiantes y los profesores, se menciona que la gran mayoría de los profesores preferían usar el inglés a expensas del español. Los profesores valoraban negativamente una educación basada en un modelo bilingüe. Los profesores consideraban que el uso del español perjudicaría la adquisición del inglés. Incluso, consideraban que el uso del español en los hogares era contraproducente.

Tal vez el modelo bilingüe apropiado para Gibraltar sería el de la Enseñanza Bilingüe General propuesto por el movimiento de escuelas europeas que empezó en 1958 en Bélgica, Italia, Alemania, Holanda e Inglaterra. Como Baker (1997) señala:

Tales escuelas europeas comprenden el uso conjunto de dos lenguas mayoritarias en una escuela. En las escuelas donde se emplea este tipo de educación bilingüe, los niños pequeños emplean su lengua nativa como medio de aprendizaje pero también reciben instrucción en su lengua nativa, y parte por medio de una lengua vehicular (sic). La lengua vehicular (sic) es normalmente para el niño en una segunda lengua mayoritaria. Esta lengua es enseñada por profesores nativos. Los estudiantes hablantes nativos de esa lengua están también presentes en escuela como modelos lingüísticos. La lengua vehicular (sic) se emplea para enseñar a grupos de lengua mixta de alumnos de historia, geografía y economía desde el tercer año de la enseñanza secundaria. Además se enseña a los alumnos una tercera lengua durante un mínimo de 360 horas. Los resultados de tal escolarización tienden a formar estudiantes funcionales bilingües y a menudo multilingües conscientes del pluralismo y del multilingüismo europeo. (237-38)

Si los jóvenes gibraltareños consideran que el inglés y el español son lenguas nativas, habría que cuestionar el porqué de la enseñanza del español en las escuelas como lengua extranjera y no como segunda lengua. En el CFE, el español es tratado como una lengua minoritaria, algo que la realidad no refleja y que se ha evidenciado en este trabajo. La educación bilingüe no acaba en la escuela secundaria y, por consiguiente, los directivos del CFE deben intentar hacerse eco de la situación y, por ende, ajustar la normativa de los usos del inglés y el español a la realidad de los estudiantes y no a la política de Gibraltar. La formación de ciudadanos bilingües debe continuar en los estratos académicos superiores como las universidades.

Parece contradictorio que el español se imparta como lengua extranjera cuando la mayoría de los jóvenes en Gibraltar la utilizan como lengua materna. Fundamentalmente, las actitudes de los profesores hacia el español deberían cambiar y, por consiguiente, favorecer su uso en el aula. Sería un error desaprovechar la oportunidad de educar a ciudadanos bilingües gibraltareños.

BIBLIOGRAFÍA

AGHEYISI, R. y FISHMAN, J. (1970). Language attitude studies: A brief survey of methodological approaches. *Anthropological Linguistics*, 12, pp. 137-157.

ALLPORT, A. (1954). *The Nature of Prejudice*. Cambridge, Massachusetts: Addison-Wesley Publications.

ARVA, V. y MEDGYES, P. (2000). Native and non-native teachers in the classroom. *System* 28, pp. 355-372.

BAKER, C. (1992). *Attitudes and Language*. Clevedon, England: Multilingual Matters.

BAKER, C. (1997). *Fundamentos de educación bilingüe y bilingüismo*. Madrid: Cátedra.

BAKER, C. (2001). *Foundations of Bilingual Education and Bilingualism*. Clevedon, England: Multilingual Matters.

BALLANTINE, S. (1983). *A Study of English-Medium Education on Initially Monoglot Spanish-Speaking Gibraltarian Children*. Tesis de Máster, University of Wales, Reino Unido.

BALLANTINE, S. (2000a). Bilingüismo en Gibraltar. Manuscrito inédito.

BALLANTINE, S. (2000b). English and Spanish in Gibraltar. *Gibraltar Heritage Journal Gibtel*, 7, pp. 115-124.

BALLANTINE, S. (2001a). La evolución del idioma en Gibraltar y el papel que juega en la afirmación de la identidad. Manuscrito inédito.

BALLANTINE, S. (2001b). Lengua y educación en Gibraltar. Manuscrito inédito.

BOURDIEU, P. (1991). *Language and Symbolic Power*. Cambridge: Polity Press.

BRITTO, J.J. (1993). *An Examination of Attitudes Towards The Use of Spanish in the Education of Bilingual Students in Bayside Comprehensive School, Gibraltar*. Tesis de Master, University of Hull, Reino Unido.

BRUTT-GRIFFER, J. (2001). Transcending the Nativeness Paradigm. *World Englishes*, 20, pp. 99-106.

CABILA, M. (1978). *Diccionario Yanito*. Gibraltar: MedSun.

CABILA, M. (1984). *Los Yanitos*. Gibraltar: Garrison Library.

CARREIRA, M. (2000). Validating and Promoting Spanish in the United States: Lessons from Linguistics Science. *The Bilingual Research Journal Online*, 24. http:Ifbrj.asu.eduIv244/articlesfart7.html.

CHRISTOPHERSEN, J. (1999). Two More Contributions to the 'Nativeness' Debate. *RASK Supplement*, 9, pp. 117-122.

COPPETIERS, R. (1987). Competence Differences between Native and Near-Native Speakers. *Language*, 63 pp. 544-573.

CUMMINS, J. (1984). *Bilingualism and Special Education: Issues in Assessment and Pedagogy*. San Diego, California: College-Hill Press.

CUIMMINS, J. (2001). ¿Qué sabemos de la educación bilingüe?. Perspectivas psicolingüística y sociológicas. *Revista de Educación*, 326, pp. 37-61.

DORNYEI, Z. (1994). Motivation and motivating in the foreign language classroom. *Modern Language Journal*, 78, pp. 273-284.

DOYLE, H. (1995). Attitudes toward bilingualism among youths in Barcelona. *Catalan Review*, 9, pp. 173-198.

FERGUSON, C. (1959). Diglossia. *WORD*, 15, pp. 339-340.

FIERRO CUBIELLA, E. (1984). *Gibraltar: Aproximación a un estudio sociolingüístico y cultural de la Roca*. Cádiz: Servicio de Publicaciones de la Universidad de Cádiz.

FISHMAN, J. (1967). Bilingualism with and without Diglossia; Diglossia with and without Bilingualism. *Journal of Social Issues*, 23, pp. 29-38.

FISHMAN, J. (1971). *Bilingualism in the Barrio*. Bloomington: Indiana University Press.

FISHMAN, J. (1979). *Sociología del leguaje*. Madrid: Cátedra.

GARCÍA MARTÍN, J. (1996). *Materiales para el estudio del español en Gibraltar. Aproximación sociolingüística al léxico español de los estudiantes de enseñanza secundaria.* Cádiz. Servicio de Publicaciones de la Universidad de Cádiz.

GARDNER, R. (1985). *Social psychology and second language learning: The role of attitudes and motivation.* London: Edward Arnold.

GARDNER, R. y LAMBERT, W. (1972). *Attitudes and Motivation in Second Language Learning.* Rowley, Massachusetts: Newbury House.

GILES, H. y SEBASTIAN, R. (1982). An integrative perspective för the study of attitudes toward language variation, en Ryan E. y Giles, H. (Eds.), *Attitudes towards Language Variation: Social and Applied Contexts* (pp. 1-19). London: Edward Arnold.

GOVERNMENT OF GIBRALTAR. (2000). *The School Curriculum in Gibraltar.* Documento oficial del Departamento de Educación de Gibraltar.

GYNAN, S. (1998). El reto de la diglosia para la planificación lingüística en el Paraguay. *Hispanic Linguistics*, 10, pp. 42-83.

HALLIDAY, M.A.K., MCINTOSCH, A. Y STREVENS, P. (1972). The users and uses of language", en Fishman, J. (Ed.), *Readings in the Sociology of Language.* Hague/Paris Mouton, pp. 139-169.

HAUGEN, B. (1953). *The Norwegian Language in America: A study in Bilingual Behavior.* Philadelphia: University of Pennsylvania Press.

HORNBY, P. (1977). *Bilingualism: Psychological, Social, and Educational Implications.* New York: Academic Press.

HOWES, H. (1991). *The Gibraltarian: The Origin and the Evolution of the People of Gibraltar.* Gibraltar: MedSun.

HYMES, D. (1974). *Foundations in Sociolinguistics.* Philadelphia: University of Pennsylvania Press.

KELLERMANN, A. (1996). When Gibraltarian speak, we're quite unique". Constructing Gibraltarian Identity with the Help of English, Spanish and their Respective Local Varieties. *The Linguistic Construction of Social and Personal Identity, Evora*, pp. 73-78.

KRAMER, J. (1986). *English and Spanish in Gibraltar.* Hamburg: Helmut Burske.

LABOV, W. (1983). *Modelos Sociolingüísticos.* Madrid: Cátedra.

LAMBERT, W., HODGSON, R., GARDNER, R, y FILLENBAUM, S (1960). Evaluational reactions to spoken Language. *Journal of Abnormal and Social Psychology* 60 (1), pp. 44-51.

LAMBERT, W., TUCKER, G. y SELIGMAN, C. (1972). The Effects of Speech Style and Other Attributes on Teachers' Attitudes toward Pupils. *Language in Society,* 1, pp. 131-142.

LIPSKI, J. (1986). Sobre el bilingüismo anglo-hispánico en Gibraltar. *Neuphilologische Mitteilungen,* 3, pp. 414-427.

LÓPEZ MORALES, H. (1993). *Sociolingüística.* 2ª ed. Madrid: Gredos.

MILROY, L. (1992). Social Network and Social Class: Toward an Integrated Sociolinguistic Model. *Language in Society,* 21, pp. 1-26.

MODREY, A. (1998). *Multilingualism in Gibraltar.* Tesis de Master, Universitat Leipzig, Alemania.

MORENO FERNÁNDEZ, F. (1998). *Principios de sociolingüística y sociología del lenguaje.* Barcelona: Ariel Lingüística.

MOYER, M. (1992). *Analysis of Code Switching in Gibraltar.* Tesis Doctoral, Universitat Autónoma de Barcelona, España.

ORTÍZ-LÓPEZ, L.A. (2000). Proyecto para formar un ciudadano bilingüe: política lingüística y el español en Puerto Rico, en Roca, A. (Ed.), *Research on Spanish in the United States* (pp. 390-40). Somerville, Massachusetts: Cascadilla Press.

PEDRAZA, P., ATTINASI, J. y HOFFMANN, C. (1980). *Rethinking Diglossia. Language Policy Task Force Working Paper* 9. New York: City University of New York.

DEPARTMENTO DE EDUCACION DE PUERTO RICO (1999). *Proyecto para formar un ciudadano bilingüe. Revista Pedagogía,* vol. 33 (1).

ROCA, A. (1992). Teaching Spanish to Native Speakers: New Perspectives in the 1990s. *The Bilingual Research Journal Online*, www.ed.gov/databases/ERIC Digests/ed350881.html

ROMAINE, S. (1989). *Bilingualism*. Oxford: Basil Blackwell.

ROTAETXE AMUSATEGI, K. (1990). *Sociolingüística*. Madrid: Síntesis.

RYAN, E., GILES, H. Y HEWSTONE. M. (1988). The Measurement of Language Attitudes, en Ammon, U., Dittmar, N. y Mattheier, K. (Eds), *Sociolinguistics: An International Handbook of the Science of Language and Society* (vol. 2) (pp. 1068-1081). Berlin: Walter de Gruyter.

SANZ, C. (2000). Bilingual education enhances third language acquisition: Evidence from Catalonia. *Applied Psycholinguistics*, 21, pp. 23-44.

SCHMIT, N. (1998). Quantifying World Association Responses: What is Native-Like. *System*, 26, pp. 389-401.

SHANNON, S. (1995). The Hegemony of English: A Case Study of One Bilingual Classroom as a Site of Resistance. *Linguistics and Education*, 7, pp. 175-200.

SIGUAN, M. y MACKEY, W.F. (1986). *Éducation et bilinguisme*. Paris: Delachaux et Niestlé.

SILVA-CORVALÁN, C. (1994). *Language Contact and Change: Spanish in Los Angeles*. Oxford: Clarendon Press.

STRUBELL, M. y ROMANÍ, J. M. (1986) *Perspectives de la llengua catalana a l'àrea barcelonina*. Barcelona, Generalitat de Catalunya, Departament de Cultura.

TRAVERSO, A. (1980). *A History of Education in British Gibraltar 1704 -1 945*. Tesis de Máster, University of Southampton, Reino Unido.

TRUDGILL, P. (1974). *Sociolinguistics: An Introduction*. Harmondsworth: Penguin.

VILLA, D. (1996). Choosing a 'Standard' Variety of Spanish for the Instruction of Native Spanish Speakers in the US. *Foreign Language Annals*, 29, pp. 191-200.

VON GLEICH, U. (1994). Language spread policy: the case of Quechua in the Andean republics of Bolivia, Ecuador, and Peru. *International Journal of the Sociology of Language*, 107, pp. 77-113.

WEINREICH, U. (1968). *Languages in Contact: Findings and Problems*. The Hague: Mouton.

WEST, M. (1956). Bilingualism in Gibraltar. *Overseas Education*, 27, pp. 148-153.

WHITE, L. (1996). How Native is Near Native?. *Second Language Research*, 12, pp. 233-65.

WINFORD, D. (1985). The Concept of 'Diglossia' in Caribbean Creole Situations. *Language in Society*, 14, pp. 345-356.

ZENTELLA, A.C. (1997). *Growing Up Bilingual*. Maiden, Massachusetts: Blackwell Publishers.